ちくま新書

ウィリ

――家康に愛された男・三浦按針

フレデリッ

Frederik Cryns

1552

ウィリアム・アダムス【目次】

はじめに

今より遡って四百年以上も前のことである。関ヶ原合戦を控え、戦国時代が終わろうとしていた頃だった。オランダ船に乗った一人のイギリス人航海士が日本に漂着した。彼の名をウィリアム・アダムス（三浦按針）という。アダムスは、徳川家康の信頼を得て、側近の一人として家康の外交政策に大きな影響を及ぼした。

イギリスの航海士が戦国武将に仕えるという話は人々の想像力を掻き立てる材料である。それがために、アダムスについてこれまで数多くの書籍が刊行されてきた。しかし、それらのほとんどはアダムスの偉業を讃える内容に偏っている。この種の書籍では、アダムスの偉人としての側面を強調するあまり、史料で裏付けられる事実から離れてしまいがちだ。また、史料から立ち現れるアダムスの人間的な側面が書き手の都合で割愛される傾向も強い。その結果、アダムスの真の姿がかすんでしまっている。

しかし、人間的な側面こそがアダムスの真骨頂だと筆者は思う。アダムスは文字通りの国際人だった。現代人にとっては、英雄的側面よりも、むしろ国際人としての振舞いが国際化する社会を生き抜く一つの指南になりうる。

アダムスの真の姿を浮かび上がらせるためにはどうすればいいのか。まずは、史料批判に堪えうる当時のアダムス関連史料のみから人物像を再検討することが鉄則である。アダムスについての現存する同時代の史料は比較的多い。たとえば、アダムス自身が書いた複数の手紙や航海日誌が現存している。また、一六一三年から一六二三年まで日本に設置されていた平戸イギリス商館関連の日記や手紙にも、アダムスの行動に関する記述が豊富に含まれている。これらの記述からアダムスの人間的な側面を再現することが可能である。

さらに、一六〇九年に設立された平戸オランダ商館に関連する史料にもアダムスへの言及が散見される。そのほかに、アダムスが乗船し、日本にまで辿り着くことになったリーフデ号に関連する詳細な史料もある。これまでのアダムス研究は主にイギリス側史料をもとに行われてきたが、オランダ側史料にも、アダムスについて一般に知られていない情報が多々含まれている。

これらの史料と共に、わずかに残っている日本側・ポルトガル側・スペイン側史料を複合的に用いれば、アダムスの実像に迫ることができるだけでなく、その頃の時代背景、とりわけオランダ人とイギリス人のアジア進出、ポルトガル人およびスペイン人との関係、アジア情勢と日本の対外関係といったさまざまな側面からアダムスの生涯を照らし出すことができる。

また、アダムスの記録を通じて、家康の外交手腕もみえてくる。家康は、その後継者たちと違って、活発な外交活動を行った。家康の外交に関する日本側史料はほとんど残っていないためか、このことはあまり知られていないようだ。それゆえ、鎖国を始めた為政者というイメージが強い。一方、西洋側史料を見ると、まったく逆の事実が浮かび上がる。家康は日本の門戸を西洋人に開いて、積極的な誘致活動まで行った。外交顧問としてのアダムスの活躍を出発点として、家康の見事な外交手腕も浮かび上がらせることができる。

アダムスは何か英雄的な偉業を成し遂げたわけではない。彼はいたって普通の人だった。はるかに遠いイギリスから海を渡って、日本に辿り着いた。そして、家康に気に入られ、日本の外交に大きな影響力をもつようになった。しかし、家康が死去すると、アダムスの運命は暗転した。秀忠の代になると、以前のような厚遇はなくなり、影響力も過去のものとなった。最後は、江戸から遠く離れた平戸で亡くなっている。

本書では、このアダムスの波瀾万丈の人生について、時代背景を絡めながら語っていく。

凡例

＊アダムス関連史料には日本側史料・イギリス側史料・オランダ側史料・ポルトガル側史料・スペイン側史料がある。日本側史料では和暦、イギリス側史料ではユリウス暦、そのほかの西洋諸国の史料ではグレゴリオ暦が用いられている。本書では各史料における日付をそのまま転記している。

＊ウィリアム・アダムスは当時の日本側史料では和名の「あんじん」として出現する。また、三浦半島に領地を有していた。そのため、日本では「三浦按針」として知られる。しかしながら、アダムス自身の手紙など当時の西洋側史料では William Adams（ウィリアム・アダムス）として記されているので、本書では一貫して「アダムス」を用いる。

第一章

十六世紀イギリスのアダムス

私はケントの人で、ロチェスターから二イギリス・マイル、国王の船が停泊するチャタムから一マイル離れているジリンガムという町に生まれた。そして、十二歳からロンドン近くのライムハウスで育ち、ニコラス・ディギンズ親方のところで十二年間徒弟奉公した。そして自分自身は女王陛下の船で船長兼航海士として奉仕し、また、およそ十一ないし十二年間バーバリ商会に勤めた。ついにオランダからアジアへの航海が開始されるようになると、神が私に与えたささやかな知識をこのアジアへの航海で少し活かしたいと思った。（ウィリアム・アダムスから未知の友人および同国人宛の手紙、一六一一年十月二十三日）

†十六世紀イギリスの国際環境

ウィリアム・アダムスは一五六四年にケント地方のジリンガムというイギリスの南東部に位置する、のどかな港町に生まれた。ジリンガムの聖マリア・マグダレナ教会の洗礼記録には「ウィリアム・アダムス、ジョン・アダムスの息子、一五六四年九月二十四日に受洗」とある。

この頃の日本は戦国時代のまっただ中。桶狭間の戦いの快挙で織田信長の名が日本中に知られるようになった時期である。とはいえ、天下統一にはまだ遠かった。信長は美濃攻めにてこずっている段階であり、日本はまだ政治的混乱が続いていた。

アダムスが青春を送っていたこの時期のイングランド(以下、イギリス)は、日本と同様に非常に不安定な政治状況だった。プロテスタントの女王エリザベス一世が即位して間もない頃であり、その統治はイギリスのカトリック勢力に脅かされていた。

アダムスの生まれた五年後の一五六九年に、スコットランド国境近くに領地をもつイギリス北部諸侯が反乱を起こしたが、なんとか鎮圧された。同時に、ローマ教皇ピウス五世は、エリザベス女王を異端者と判定し、イギリス国民に対して、エリザベス政権をくつがえすよう命じる教皇勅書を発した。そして何より、当時のヨーロッパにおいて最大勢力だったカトリック国スペインが若き女王エリザベスにとって大きな脅威だった。

エリザベス女王によるプロテスタント推進政策は、カトリック原理主義に徹していたスペイン王フェリーペ二世との衝突を招いた。当時のスペインは世界屈指の大帝国だった。スペインはアメリカ大陸の植民地を含む広大な領地を所有し、強い経済に支えられた強固な中央集権体制のもとでの組織力が整っており、さらに軍事的天才たちが率いる最先端の軍隊を有していた。

それに比べると、エリザベス女王時代のイギリスは極めて脆弱な小国だった。一五三五年にイギリスはウェールズと統合したものの、スコットランドと北アイルランドを含むグレートブリテンとしての連合王国はまだ確立していなかった。国内のプロテスタント対カトリックの宗教対立や派閥争いのためエリザベス女王の政治基盤は極めて不安定だった。また、経済力はスペインの比ではなかった。イギリスの主要輸出品であった毛織物は過剰生産によって市場価格が暴落していた。エリザベス女王の父であるヘンリー八世が引き起こしたたび重なる戦争により、国庫は枯渇していた。そして、肝心の軍事力はスペインの足下にも及ばなかった。

それゆえに、エリザベス女王はスペインとの全面戦争を極力避けた。それまでのヨーロッパ諸国間の戦争は主に君主同士の張り合いから由来するものだった。どちらか一方の側の勝利が認められた時点で戦争は終了し、戦後処理として土地や賠償金で始末がつけられていた。しかし、エリザベス女王の時代に活発化した宗教戦争は、相手の信仰を完全に破壊することをもってしか終わらない。イギリス人は、ヨーロッパの二大カトリック帝国であったフランスとスペインがイギリスを侵略してくるという事態を大いに恐れていた。フランスとスペインに対抗するために、エリザベス女王はヨーロッパ大陸のプロテスタント諸国から秘密裡に武器弾薬を調達することに努め、戦争に備えた。

教皇勅書が出されたことにより、すべてのイギリスのカトリック信者にはスペインによる侵略に手を貸す可能性があった。イギリス各地にいる、プロテスタントに改宗していないカトリック信者は国家にとって危険な存在だった。そのため彼らは組織的に各地の役職から解任され、忠実なプロテスタント信者に置き換えられた。これを背景として反カトリック清教主義が生まれ、プロテスタントと愛国主義が表裏一体のものとなった。

アダムスが七歳になった一五七一年に、リドルフィ陰謀事件が発覚した。この陰謀は、ロンドン在住のイタリア人銀行家ロベルト・リドルフィによって発案された。それは、エリザベス女王を暗殺し、ノーフォーク公トマス・ハワードの率いるカトリック勢力が反乱を起こし、その反乱を支持するためにスペイン軍がカトリック勢力の用意したイギリス船に乗ってイギリスに上陸し、最終的にカトリック派の元スコットランド女王メアリーをイギリスの王位に就けるという企てだった。

陰謀の企ては密告によって未然に阻止された。ノーフォーク公は処刑され、そのほかの関係者もイギリスから追放された。イギリスではスペインへの憎悪が頂点に達していた。

一方、海上ではイギリス船が私的にスペイン船に対する武力行使に転じた。スペインはすでにイギリス船に対する入港禁止令を出していた。イベリア諸国で取引を行っていたイギリス人は商売の手立てがなくなった。また船や荷物を没収される商人もいた。損害賠償として、これらの商人たちはスペイン船を拿捕するようになった。なかにはエリザベス女王から私掠の許可状を得る者もいた。

†戦争の予兆

アダムスが青春時代を送った一五七〇年代には、イギリス船によるアメリカ大陸への遠征が相次ぎ、スペインの船や拠点を容赦なく掠奪するようになった。私掠船の船長として特に名声を上げたのは、フランシス・ドレークである。

ドレークは六〇年代において数回にわたって、従兄弟のジョン・ホーキンス率いるイギリス船団の船長の一人としてカリブ海へ渡航していた。当初は海賊行為ではなく、アフリカ・アメリカ間の奴隷貿易が主要な目的だった。その貿易は現地にいるスペイン人と平和的に行われていた。しかし、イギリス船によるカリブ海への侵入はフェリーペ二世にとってスペインの独占権の侵害として捉えられた。

一五六八年にサン・ファン・デ・ウルア（現在のメキシコのベラクルス州）というスペイン領の港でドレークの商船を含む五隻から成るイギリス船団がスペイン艦隊から奇襲攻撃を受けた。今回は互いを攻撃しないという約束を交わしていたので、スペイン人側の裏切り行為だった。

この奇襲攻撃で三隻のイギリス船は沈没させられ、大勢のイギリス人が命を落とした。船団のうち二隻の小型船だけが命からがら逃げ切った。そのうちの一隻はドレークの船だった。逃げ延びた二隻はぼろぼろになって別々にイギリスに帰還した。

数百人に上る船員のうち、イギリスに戻れたのは、たったの七、八十人のみだった。この事件におけるスペイン人の裏切り行為および捕虜に対して行われた残酷な異端審問についてイギリスにもたらされた情報は、イギリス人の間にスペインに対する憤りを呼び覚ました。また、この経験は若きドレークのその後の人生に大きな影響を与える。ドレークはサン・フアン・デ・ウルアの戦いで多くの近親者と友人を失った。復讐を決意したドレークはその後、スペインに対する組織的な海賊行為を繰り広げた。その目的は戦利品の獲得よりもむしろ敵に可能な限りの損害を与えることだった。アダムスが育てられた時代のイギリスには、このようなスペインに対する憎悪の感情が蔓延していた。

ドレークの活躍により、スペイン大帝国に立ち向かうことができるかもしれないという自信がイギリス人のあいだに生まれた。しかし、エリザベス女王は動こうとしなかった。スペインとの全面戦争を避けるために、ドレークたちの海賊行為はあくまでも私的な事業として位置づけられた。

エリザベス女王の側近の中には、オランダと手を組む方針に傾倒する者が多かった。プロテスタントのオランダ人はスペイン軍の占領と宗教的迫害に抵抗し、スペインに対する独立戦争を展開していた。すでに数多くのイギリス人の志願兵がオランダ人と共にスペイン軍と戦っていた。

一五八〇年にポルトガルを併合したスペインは強大な海洋帝国に発展した。その上、スペイン軍はオランダ反乱軍の拠点を次々と陥落させ、反乱軍のリーダーであったオラニエ公も一五八四年に暗殺された。そのままいくと、ドーバー海峡をはさんでイギリスに面しているネーデルランド（現在のオランダとベルギー）がスペインによるイギリスへの侵略の拠点として利用されうる状況になる。そうなれば、オランダ船を利用してイギリスに攻めて来ることも可能となる。

さらに同時期に、イエズス会士がイギリスに渡り、スペイン軍の侵略を支援するためにカトリック勢力による反乱を準備していることが発覚した。スコットランドに上陸したスペイン軍の精鋭部隊がスコットランドのカトリック勢力と共に南へ進行し、エリザベス女王を打倒し、監禁されていたスコットランド元女王のメアリーをイギリスの王位に就かせるという計画だった。

こうして、スペインの侵略に対する恐怖はイギリスの人々の生活を支配していった。危険は国外からだけでなく、国内のカトリック勢力側からもすでに顕在化していた。戦いがイギリスの地にまで及ばないように、スペインに対する抵抗を海外で展開した方が得策だとの見方がエリザベス女王の側近の間で広がっていた。スペインとの戦争を推進していたレスター伯は一五八五年に軍を引き連れてオランダに渡り、すでにオランダ人の側で戦っていたイギリス人志願兵と合流した。

レスター伯は最初のうちはいくつかの小さな勝利を収めたが、資金不足のため、オランダで軍を組織的に運営するのは困難だった。戦闘や病気による死傷者が多く、脱走兵が後を絶たなかった。また、ウェールズやアイルランドのカトリック部隊はスペイン軍に寝返った。このことはイギリス軍に対するオランダ側の不信感を招いた。その後、イギリス人は、スペイン軍に対して複数回にわたって敗北を喫し、オランダ人との関係も徐々に悪化した。このため、レスター伯は何も成し遂げられないままイギリスに戻った。これにより、スペインの脅威は弱体化するどころか、いっそう強大化した。アダムスが過ごした青春は、まさにこのような不安と恐怖に包まれていた時代であった。

†故郷ジリンガム

アダムスが生まれたジリンガムという町は、メッドウェイ川の河口近くに位置している。このメッドウェイ川は北海に注ぐテムズ川の河口に合流していく。河口の内側には嵐から守られる環境が形成されていたので、メッドウェイ河口は中世以降に船舶の停泊地として使われていた。

ジリンガムは漁業が盛んであった一方で、ドーバー海峡を挟んでヨーロッパ大陸のネーデルランドに面している地域だったので、中世においてはネーデルランドとの毛織物貿易を行う拠点港として栄えた。十六世紀には貿易商人や職人が多く住み着いた。また、近くに、エリザベス女王の海軍艦隊の工廠として知られるチャタムという町があった。

ジリンガムの町の景観を支配していたのは、アダムスが洗礼を受けた聖マリア・マグダレナ教会だった。教会の塔は遠くから見えたので、船乗りにとってのランドマークとなった。教会の西側にできた町は中世において拡大し、十四世紀に毎週木曜日の市の開催が許された。それでも、十六世紀にはジリンガムはまだ小さな町だった。アダムスが青春を送った時代に人口は五百人程度だったと推測される。町には一つの通りしかなかった。その通りは東西に延びて、通りの両側に家が建ち並んでいた。

それらの家の中の一軒にアダムスが生まれ育った。そこに両親や兄弟と一緒に暮らしていた。聖マリア・マグダレナ教会の記録によると、アダムスには弟一人と姉妹一人がいた。

アダムスが洗礼を受けた聖マリア・マグダレナ教会は英国国教会派に所属していたプロテスタント系の教会だった。ジリンガムを含むケント地方はプロテスタント宗派が強い基盤をもっていた。各家庭では食事の前に必ず神に祈りを捧げた。日曜日や祝日の礼拝への参加は義務づけられていた。

十六世紀のヨーロッパにおいて、信仰は個人を超えた社会的な規範だった。信仰は家族をはじめ、町の共同体の絆を強固なものにする機能を果たしていた。このように信仰が汎社会的なものであるがゆえに、当時のヨーロッパ人の手紙などには絶えず信仰を表現する

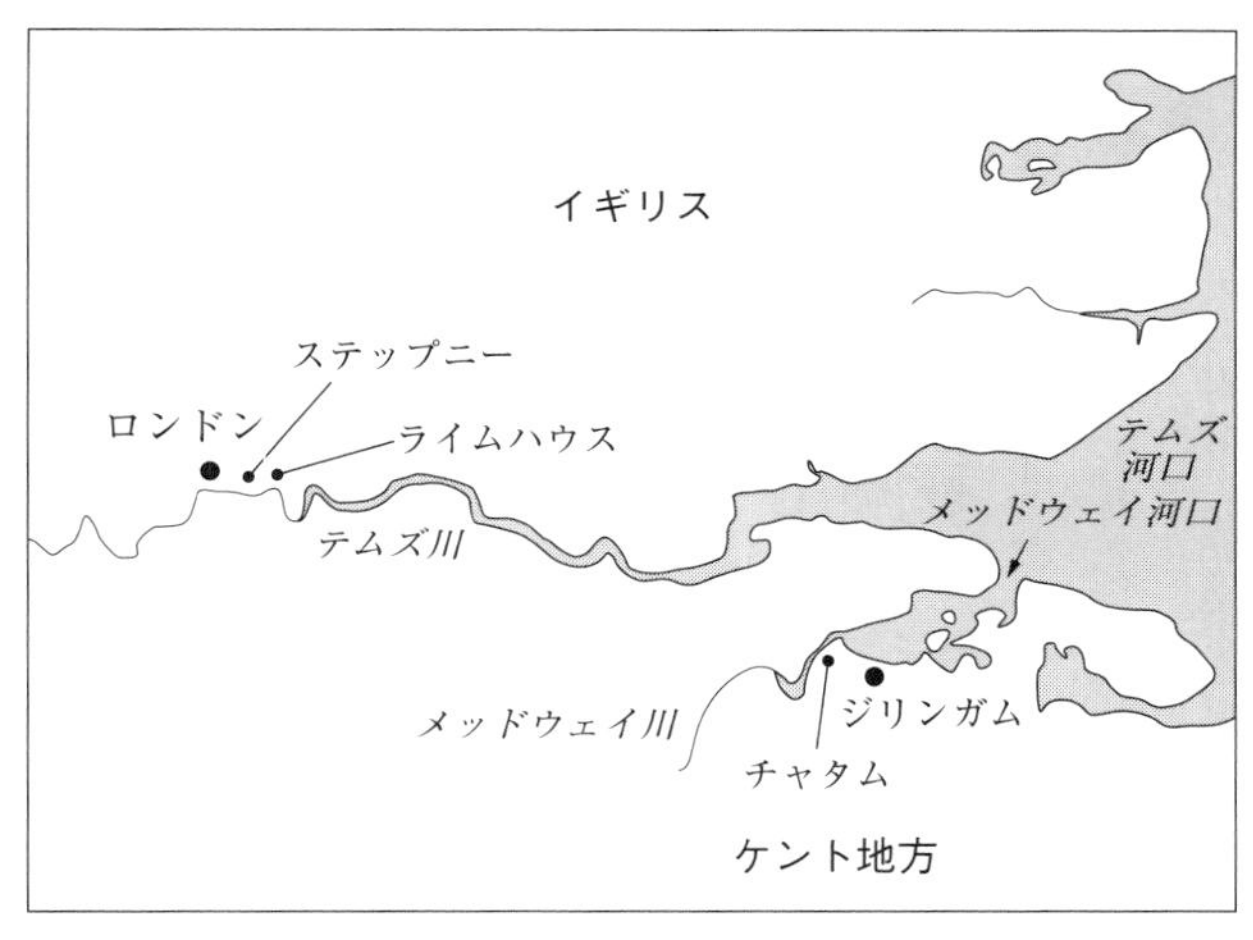

文言がみられる。アダムスの手紙も例外ではなかった。イギリス人にとってプロテスタント主義は、イギリスという国家に所属する意識を高め、その誇りと自信に繫がっていた。

†アダムスの船大工修業

アダムスはどのような教育を受けたのか。ジリンガムの通りを東の方向へ進めば、東端に聖マリア・マグダレナ教会と学校があった。一五一六年に数人の裕福な地主が読み書きなどの基本的な教養を子供に身に付けさせるために学校を設立し、教師を雇用した。当時のイギリスにおいて小さな町に学校ができることはまだ珍しかった。学校設立に寄与することによって、裕福な地主は町の将来的発展に投資していたのだった。学校の建物は通りを挟んで教会の向かい側に建てられた。学校は無料だったが、男子専用だった。

しかしながら、町のすべての男子が学校に通っていたわけではなかった。現在のような義務教育は存在していなかった。一般民衆の識字率は低かった。十六世紀において、自分の名前が書けるイギリス人は、男性の場合、人口の三分の一にも満たなかった。女性の場合、自分の名前を書ける人はわずか十分の一であった。

聖職者たちのたび重なる教育運動にもかかわらず、一般のイギリス人は読み書きを学ぶ必要性を感じていなかった。農民や職人、労働者がその職業を全うするのに読み書きは要らなかった。商人だけは取引において読み書きが必要だった。それゆえに、読み書きは一般の人々の間で商人の職業スキルの一つとされていた。

一般民衆の間の交流手段として文字があまり使われていなかったことから、読み書きスキルの習得には、生徒自身とその両親に強い動機と辛抱が求められていた。アダムスの両親はそのような強い動機をもち合わせていたようである。実際、アダムスは読み書きを修得していた。そのことは、アダムス自身が書いた手紙が複数現存していることから明らかである。

アダムスの父はどのような社会的地位にいたのか。前述の教会における洗礼記録以外には、アダムスの両親に言及する史料が確認されていないので、未詳である。とはいえ、息子に読み書きを修得させる動機があったことは確かである。このことから、父は商業に携わっていた人物であった可能性が示唆される。

読み書き能力は社会身分を隔てる重要な要素だった。読み書きのできない一般の労働者には立身出世への道が閉ざされていた。小さな町での役場の仕事に従事することさえ不可能だった。一方、読み書きのできる人は、社会においてある程度の地位を確立していた上に、さまざまな情報の入手が可能で、商業や政治をはじめ、活躍の幅を広げることができた。読み書きを修得していたアダムスはこの部類に入っていたので、将来的にある程度の出世が期待されていた。

アダムスが十二歳の時に父親が亡くなった。平均寿命が三十五歳という時代だったので、若くして親を失うことは決して珍しくなかった。この年、アダムスは生まれ故郷を後にして、ロンドン近くのライムハウスというテムズ川のほとりに位置する町へ赴いた。そこでは、ニコラス・ディギンズのところに身を寄せた。ディギンズは有名な船大工だった。

アダムスは徒弟奉公人としてディギンズの家に住み込んだ。当時の職人にとって仕事と家庭との間の明確な境界線はなかった。親方の自宅には親方とその家族のほかに数人の徒弟奉公人も一緒に暮らしていた。師弟関係は単なる親方と徒弟という職業上の関係に留まらなかった。徒弟は親方の家族の一人として位置づけられていた。親方は親に近い役割を果たし、厳しい反面、徒弟にとっての精神的な支えでもあった。後年、アダムスは日本から発信した「未知の友人および同国人」宛の手紙（以下「未知の友人宛の手紙」）の中で自己紹介をしている。そこには実父についての言及はなく、「ライムハウスで育ち、ニコラス・ディギンズ親方のところで十二年間徒弟奉公した」と誇らしげに書いている。

ライムハウスはロンドンの外港として繁栄していた。当時、造船が盛んだった。十六世紀の後半はドレークたちが活躍した時代だった。彼らの活躍を支えていたのは造船業の拡大だった。船大工は身分の低い職業だった。中世においては、その数は限られていて、ギルドの組織も脆弱だった。ところが、アダムスが若い頃に、イギリスの商船や王立海軍用の船の建造が盛んになり、船大工への需要が一気に高まり、下流階級の若者の間で人気の職種になっていた。

この造船ブームで繁栄したライムハウスは船大工や船乗りで賑わっていた。このような環境から海への憧れが育まれたのだろうか。十二年間の長い徒弟奉公生活が終わった二十四歳の時にアダムスは船大工の仕事には就かず、エリザベス女王の王立海軍に入隊した。

†一触即発のイギリスとスペイン

王立海軍といっても、現在のような形で編制・管理されている軍隊組織を連想してはいけない。十六世紀イギリスの王立海軍は常置の組織体ではなかった。必要に応じて、女王直属の軍艦から成る小さな本隊に民間の商船団を加える形でその都度海軍が編制された。

当時の商船は軍艦と同様に戦闘時に備えて設計されており、大砲を積んでいた。現代と違って、商船は戦争と無縁ではなかった。商船が海賊や敵国の軍艦に遭遇すれば、自己防衛が必要だった。また、前述のように商人による私掠も広く行われた。さらに、戦争になれば、これらの商船は王立海軍の艦隊に組み入れられる。アダムスが王立海軍に入隊した一五八八年に寄せ集められた艦隊は二百二十六隻の船から構成され、そのうち商船の数は百九十二隻に上っていた。

なぜ、これだけ多数の商船が王立海軍に組み入れられたのだろうか。それは、この年スペインの無敵艦隊がイギリスに向かったからである。アダムスがライムハウスで徒弟奉公していた時期にスペインとイギリスとの間の緊張が徐々に高まっていた。一五八五年にその緊張は頂点に達した。レスター伯が援軍を引き連れオランダに渡った同年に、ドレークの艦隊はスペインに併合されたポルトガルの植民地だった北西アフリカ沖のカーボ・ヴェルデ諸島のサンティアゴに攻撃を加えた。また、そこからカリブ海に渡って、サント・ドミンゴ（現在のドミニカ共和国の首都）やカルタヘナ（現在のコロンビアの都市）などのスペイン人の拠点で次々と略奪行為を行った。

ドレークによるこれらの略奪行為はスペイン国王フェリーペ二世を激怒させた。それまでフェリーペ二世は、スコットランド元女王のメアリーをイギリスの王位に就かせることを目論む陰謀策に徹していた。ところが、ドレークの攻撃はスペインの広大な植民地の防衛力の脆弱性を露呈することになった。植民地攻撃の脅威に対抗するためにフェリーペ二世はイギリスの直接侵略に踏み切った。そのためにスペイン人は大艦隊の建造に着手した。

一五八七年に、スペインによるイギリスへの侵略計画に関する情報がイギリス側に伝わった。エリザベス女王はスペイン艦隊の建造を妨害するようドレークに指示した。ドレークは約二十隻の艦隊でスペインに向かった。スペイン海岸に到着したところ、二隻のオランダ船に遭遇した。オランダ人から、カディスというスペイン南西部にある港町に数多くのスペイン船が停泊中であると聞き知ったドレークは、すぐさまカディスに向かった。カディスに到着したドレークの艦隊はいきなり入港し、停泊中のスペイン船を次々と破壊した。この奇襲攻撃により、イギリス侵略のために建造中だったスペインの大艦隊の完成は一年も遅れた。

この一年間をエリザベス女王は防衛の準備に利用した。イギリスの主立ったカトリック信者が抑留された。密入国していたカトリックの宣教師たちは次々と処刑された。全国に自警団が組織された。また、スペインの大艦隊を迎え撃つために、王立海軍の大艦隊も組織された。エリザベス女王は各港町に対して、王立海軍のために船や人員を提供するよう指示した。ライムハウスにもそのような指示が届いた。ライムハウスがどれだけの船を提供したのかは不明であるが、この指示がアダムスの王立海軍への入隊のきっかけになったことは確実である。

アダムスが弟子入りしていたディギンズは商船を造っていたので、船主たちと親密な関係にあった。海軍には商船だけでなく、水夫や兵士のほかに船長も当然必要とされた。この緊急時に人員が不足していたことは想像に難くない。ちょうど徒弟奉公の期間が終了したところで、船のことも熟知しており、知性の高いアダムスは船長として適任だったと思われる。ディギンズの知り合いを通じて船長に抜擢されたのかもしれない。また、アダムス自身も航海に関心を示していたのだろう。

†スペイン無敵艦隊との戦いに参加

大英図書館に、無敵艦隊と戦った王立海軍に所属した船のリストが残っている（ハーレアン文書）。その中に百三十一番目の船としてリチャード・ダフィールド号が記録され、その船長として「ウィリアム・アダムス」の名前が明記されている。乗組員は二十五人だった。アダムスの船が配属された部隊は、かの有名なドレークの艦隊だった。

ドレークの艦隊は一五八八年三月頃からプリマス港に停泊していて、イギリスの西側を守備する役目を負っていた。アダムスの任務はドレーク艦隊への食糧と弾薬の供給だった。ところが、五月に連合艦隊の総司令官チャールズ・ハワード伯も艦隊の大部分と共にプリマスに移動して来た。もともと、連合艦隊を三つの部隊に分けて、各部隊が指定された範囲の守備を担当するという戦略で進められていたが、ドレークの進言を受けて、軍の上層部はスペイン艦隊を迎え撃つ戦略に変更した。しかし、これだけの数の船員に供給できるだけの量の食糧はプリマスには用意されてはいなかった。供給を担当するアダムスたちは十分な食糧確保に大変苦労した。

食糧不足の問題が深刻化する中、ハワード伯はいち早くスペインに向けて出帆(しゅっぱん)するよう指示した。艦隊は五月から六月にかけて三回出帆を試みたが、三回とも逆風のために港に押し戻された。しかし、偶然にも、三回目の逆風、つまり南風に乗って、スペインの大艦隊が七月十九日にイギリスに到着した。プリマス沖におけるスペイン大艦隊の出現は、イギリス艦隊の隊員たちを震駭(しんがい)させた。目の前に現れた豪壮なスペイン無敵艦隊は、アダムスにとって恐ろしい眺めだったに違いない。というのも、スペイン船はその一隻一隻がイギリス船に比して巨大だったからだ。

イギリス艦隊は大急ぎで出港し、スペイン艦隊に襲いかかった。イギリス船はスペイン船よりも小さい分、機動性に優れていた。ただ、接近戦ではスペインの巨大な船にかなわなかったので、接近しすぎないように注意を払った。スペイン船が反撃できないように、離れたところから砲撃した後、すぐに撤退し、ふたたび砲弾を大砲に込めることを繰り返した。スペイン船はこの動きに応戦できなかったが、あまり被害も受けなかった。そのような膠着（こうちゃく）状態がしばらく続いた。

そうしているうちに各イギリス船が配備していた弾薬をすべて使い果たすという事態が繰り返し起こった。いったん退却して、補給船から新しい弾薬を積まなければならなかった。アダムスも戦線の後方で待機し、ドレークの船団に次々と弾薬を供給する役目を務めた。直接戦闘に参加していないとはいえ、若きアダムスにとっては素早い対応と多大な労力が要求される任務だった。また、スペイン船に囲まれる危険もあった。アダムスは非常に慎重に行動しなければならなかった。

このような戦闘が十日ほど繰り広げられた後、スペイン艦隊はイギリス船の攻撃にもめげずに航行し続け、フランスのカレー沖に停泊して、スペインが占領していた南ネーデルランド（現ベルギー）から運搬船で合流してくるはずのスペイン陸軍本隊を待っていた。しかし、スペイン陸軍の進路はオランダ船団によって遮断されていた。このように、カレーで動きを止めていたスペイン艦隊は、イギリス人にとって非常に攻撃しやすい状況にあった。その機会を逃さなかったイギリス人は、七月二十八日の真夜中に焼き討ち船（爆発物を搭載し、火を付けて敵船の方へ流す無人船）八隻をスペイン艦隊に向けて流した。

近づいてくる焼き討ち船はスペイン艦隊に大パニックを引き起こした。スペイン船は海上で方々に散らばってしまい、次の日にイギリス船の大砲の餌食となった。イギリス船はスペイン船に至近距離から次々と砲撃した。この時、数多くのスペイン兵が命を落とした。スペイン艦隊の残りの船は北方へ逃れ、アイルランドの西側を回って、スペインに戻ろうとしたが、砲撃で損傷を受けていた数多くのスペイン船はアイルランドの海岸沿いで難破し、スペインに戻ることができなかった。

スペイン無敵艦隊大敗の報が伝わったイギリスは喜びで沸き立った。全国のプロテスタント教会で神に感謝を捧げる特別礼拝が行われた。しかし、スペイン無敵艦隊への勝利はイギリス艦隊にも重い代償を払わせることになった。食糧不足の中、海兵隊員たちは十日ものあいだ海上で戦い続けていた。飢餓や病気のため、八千人以上の人員が命を落としたという。食糧補給を担当していたアダムスにとっては大変心苦しい状況だったに違いない。

スペイン無敵艦隊への勝利を受けて、王立海軍は本隊を除いて解散された。アダムスを含む臨時の海兵隊員は皆除隊を命じられた。突如無職になったアダムスは、ほかの仕事を探すことを余儀なくされた。

†ステップニーでの新婚生活

王立海軍の職を失ったアダムスは、次にバーバリ商会ロンドン会社に就職した。生活基盤が安定したからか、次の年の一五八九年八月二十日にステップニーのセント・ダンスタン教会でメアリ・ハインと結婚している。この結婚からは息子と娘が一人ずつ生まれた。息子については未詳であるが、娘については、その名がディリバランスであったことは、イギリス東インド会社文書における記述から分かる。彼女は一六一八年九月三十日に同じセント・ダンスタン教会でラルフ・グッドチャイルドという船乗りと結婚している。

アダムスがステップニーのセント・ダンスタン教会で結婚したことは、彼がこの地に定住したことを示唆している。ステップニーは、アダムスが徒弟奉公の時期を過ごしていたライムハウスとロンドンとの中間に位置し、ロンドン市の東側に隣接した町だった。テムズ川の北岸に位置していたステップニーは、隣のライムハウスと同様に造船業が盛んだった。ライムハウスで大型船が造られていたのに対して、ステップニーでは主に小型船を専門とする造船所が集中していた。アダムスが住んでいた十六世紀後半に、この地は船乗りたちで賑わっていた。アダムスと同様に海軍から解任された船乗りたちが数多くこの地に定住した。

前述のセント・ダンスタン教会の西側の入り口の左上には船を描いた彫刻がある。この地と船乗りとの深い関係を物語っている。当時セント・ダンスタン教会は「公海の教会」として知られていた。アダムスがこの地を居住場所として選んだ背景には、海に出て行きたいという彼の強い意志があったのかもしれない。その海への憧れは妻メアリや子供たちにとっては辛いものだったのだろう。船乗りは長期間家族と離れ離れになるのが常だった。

また、海上での生活は多くの危険を伴っていた。当時の船は木造だったので、少しでも修繕を怠ると、難破する可能性が高くなる。敵船や海賊船と遭遇すると、海戦が頻繁に行われた。海戦で死ななくても、敵の捕虜になったり、奴隷として売られることもしばしばあった。船上に新鮮な食糧はなかった。食糧は通常、塩漬けや燻製にしたものだった。栄養不足もたびたび発生した。それゆえに、船乗りのあいだで壊血病が蔓延していた。また、船内はたいてい、船乗りで過密状態になっていて、伝染病が起こるとあっという間に船内に広がっていった。アダムスが海に出る度に、二度と戻って来ないのではないかという不安が家族に降りかかっていた。

†バーバリ商会のアダムス

アダムスがバーバリ商会で働いたのは十年弱の期間だった。ちょうど二十五歳から三十三歳頃までの働き盛りの時だった。このバーバリ商会とはどのような会社であったのか。
バーバリ商会はイギリスとモロッコとのあいだの貿易独占権を有する貿易会社だった。「バーバリ」とは、アフリカ北海岸地域を指す地名であり、その地に住んでいたベルベル人に由来する。

当時のモロッコはトルコ、スペイン、ポルトガルの列強各国に囲まれていた。トルコはモロッコの東隣に位置するアルジェリアまで勢力を伸ばしていた。モロッコの北東にある中継貿易港メリリャはスペインの飛地領になっていた。さらにモロッコの一部はポルトガルの支配下にあったが、十六世紀半ばにモロッコの王(スルターン)アフマド・マンスール・ザハビーがポルトガル勢力に抵抗し、国土の一部をポルトガル人から奪還した。ポルトガルと敵対関係にあったモロッコはイギリスとの貿易を推進していた。

イギリスとモロッコとの貿易は一五五〇年頃から始まった。最初の数回の渡航は組織的なものではなく、その時限りの単発的な形で行われた。しかし、この時期に軍事戦略上の理由からモロッコとの組織的な貿易に転換する必要が生じた。スペインとの戦争においてイギリスは火薬の備蓄のために硝石を必要とするようになったからである。この戦略的鉱物をモロッコで入手できる見込みがあったので、イギリスにおいてモロッコとの取引が重視されるようになった。当時、モロッコの王との武器の売買に関わっていたのが、初代レスター伯ロバート・ダドリーであった。レスター伯はエリザベス女王の側近として活躍し、前述のように、オランダにおけるスペイン軍との戦いでイギリス援軍の指揮を執ったイギリス貴族である。弾薬の原料の取引を統制し、また軍資金をも得るために、モロッコとの貿易を独占的に行う会社を設立する必要があった。

このような軍事的事情を背景として、エリザベス女王は一五八五年七月五日にレスター伯、その兄のウォリック伯アンブローズ・ダドリーおよび四十人のロンドンの商人にモロッコとの貿易独占の特許状を与えた。それを受けて、イギリス・モロッコ間貿易を独占する「バーバリ商会」という名称の会社が設立された。

とはいえ、バーバリ商会によるモロッコとの貿易事業は一つの会社組織として行われていたわけではない。構成員であるロンドンの商人たちが個別に船を派遣する形で貿易を行っていた。アダムスはこのロンドンの商人たちの一人に船長あるいは舵手(だしゅ)として雇用されたと思われる。船長といっても、船で一番偉い地位というわけではない。船での決定権をもっていたのは、あくまでも船主である商人たちだった。船長は彼らの命令に従わなければならなかった。それでも、航路や船のことに関しては、船長としての意見が参考にされ、尊重はされた。

バーバリ商会に参加していた商人たちについて言えるのは、その事業の規模はさまざまであり、扱っている貿易商品も多岐にわたっていたということである。レスター伯が派遣した船は主に金属（鉄・鉛・錫）の輸出と硝石の輸入に従事した。ロンドンの商人たちが派遣する船に舶載された貿易商品は主に毛織物であり、それを砂糖と交換していた。各構成員の貿易活動についてはほとんど史料が現存していないが、わずかに現存する史料から推察すると、モロッコとの貿易自体はロンドンの商人たちの期待にあまり応えるものではなかった。貿易量は少なく、モロッコにおける諸関税や王と高官への贈物、現地でのさまざまな経費のため、ほとんど利益が出なかったようである。

では、彼らはなぜ貿易を継続したのか。これらの商船は貿易だけでなく、海賊行為も行っていた。モロッコへ航行するためにはスペイン船とポルトガル船の主要な航路を横断しなければならない。そこは拿捕可能な敵船がそこかしこに出没する海域だった。私掠船にとっては好都合な環境であった。イギリスからモロッコに向けて船が派遣される際に、その船の任務は貿易と略奪が常に抱き合わせになっていた。通常、モロッコで貿易を行う前後に、イベリア半島の近海で数ヶ月間敵船を探しながら巡航するという指令になっていた。

拿捕を成功させるために、バーバリ商会の船は重武装し、敵船に乗り込むための要員として乗組員が通常の商船よりも多く配置されていた。敵国の海域を通過するという地理的条件のため、バーバリ商会はほかの地域に向かう同時代の貿易会社よりもずっと戦闘的な性格を帯びていた。バーバリ商会の船がロンドンに戻る時にはたいてい拿捕船を連れてくるほどであった。

有名な例として、バーバリ商会のアミティ号の話がある。一五九二年にモロッコからイギリスに向けて帰航中に同船のトーマス・ホワイト船長が二隻の大型のスペイン船を発見した。アミティ号の乗組員はすぐにスペイン船に乗り込み、激しい戦いの末、スペイン人が降伏した。ホワイト船長は拿捕した両スペイン船をロンドンに連れて行った。百トンしかないアミティ号が数百トンもある大型のスペイン船二隻をテムズ川に引き連れるという光景はさぞかし目を見張るものだったに違いない。乗組員には慣習に従って拿捕船の積荷の三分の一が報酬として分配されたので、かなりの儲けになったのであろう。

このような海賊行為には危険が伴っていた。拿捕は基本的に敵船に乗り込んで行われる。相手が降伏するまで戦闘を続ける中で多くの乗組員が命を落とす。また、敵国の軍艦に捕まる危険もあった。たとえば、数多くのスペイン船を拿捕した経験のあったバーバリ商会のドルフィン号は、一五九一年にジブラルタル海峡で五隻のスペインの軍艦に囲まれた。勇敢に抵抗したものの、火薬庫が爆発し、沈没した。乗組員は一人残らず溺死した。

前述のように、バーバリ商会の史料がほとんど現存していないので、バーバリ商会勤務期間中のアダムスの足跡については残念ながら不明である。しかし、このようなバーバリ商会の性格を鑑みると、アダムスがバーバリ商会でかなりの戦闘経験を積んだことは確実であろう。

バーバリ商会は一五九七年に解散した。ちょうどオランダからアジアへ赴く船団が次々と出帆するようになった時期と重なる。それまで培ってきた航海術を未知のアジア海域で活かしてみたいとアダムスは思うようになった。そのようにアダムスは未知の友人に宛てた一六一一年十月二十三日の手紙の中で書いている。

†イギリス人のアジア進出

一五八〇年以前にイギリス人はアジアについてほとんど知識がなかった。アジアと直接貿易を行っていたのはスペイン人とポルトガル人だけだった。彼らはその独占を保持するために、アジア諸国の地理や航路、政治的状況についての情報を秘密にしていた。この時期にポルトガル船に乗ってアジアに赴いたイエズス会士は、アジア諸国での活動についての報告を積極的に刊行した。現地での活動を宣伝することが目的だった。これらの刊行物は一般の人々には無縁のものだったが、一部はイギリスの知識人の手に渡った。アダムスもイエズス会士の刊行物を通じて、アジアや日本についての知識を得ていた。

スペインに対する復讐心に燃えるドレークは、一五七七年に五隻から成る船団を率いて南アメリカに向けて出帆した。ドレークはマゼラン海峡を通過し、南アメリカの西海岸にあったスペインの拠点およびその船に攻撃を加えた。マゼラン海峡経由の航路は、原住民からの敵対行為、強風、海流、厳寒といった航行の妨げとなる要因が多いため、スペイン人はそれよりかなり前から利用しなくなっていた。大西洋と太平洋との間の交通はすべてメキシコを通る陸路で行われていた。イギリス人がマゼラン海峡を通過することはまったく予期されていなかったので、スペインの西海岸の拠点は無防備だった。ドレークはそれらの脆弱な拠点を次々と攻撃し、財宝を積み込んだスペイン船二隻の拿捕に成功した。

ただ、嵐などのために五隻のうち、旗艦ゴールデン・ハインド号一隻しか残らなかった。ドレークは金銀の財宝を満載した旗艦で北へ向かい、カリフォルニア北部に上陸し、そこで船の補修を行った。準備万全のところ、彼は大胆にも太平洋を横断し、アジア海域に入って、モルッカ諸島に辿り着いた。これがアジアに到着した初めてのイギリス船となった。モルッカ諸島で香辛料を購入した後に、ドレークは喜望峰経由で一五八〇年九月に無事にイギリスに戻った。

太平洋横断はもともとの計画に含まれていなかった。南アメリカのスペイン拠点を襲撃した後にイギリスへ戻る予定だった。計画の急な変更の原因はよく分かっていない。宝物を満載した船がたった一隻だけでマゼラン海峡を通過するのは危険すぎるとの判断をドレークが下したのかもしれない。ただ、イギリスの比較的小さな船によって世界一周を成し遂げられたことは前代未聞の出来事だった。

この快挙により、それまで未知の地だったアジアが突然イギリス人の視野に入ってきた。それまでイギリス船の航海範囲がイギリスからそう遠くないカリブ海までしか及ばなかったのに対して、世界のどこまでも行けるという自信がイギリス人のあいだに芽生えた。帰航後、ドレークは国民的英雄になり、ナイト爵に叙せられた。ゴールデン・ハインド号はエリザベス女王の命により永続的にロンドン市郊外、テムズ川の南岸にあったデットフォードの軍港に繋留され、観光の名所となった。

ドレークの達成した快挙をもう一度成し遂げたいとの思いで、トーマス・キャヴェンディッシュというイギリス人冒険家が一五八六年に三隻の船団でプリマスから出帆した。ドレークと同じくマゼラン海峡を通過し、南アメリカのスペインの拠点に攻撃を加えた。そうしているあいだに、カリフォルニア沖でフィリピンから来航したサンタ・アンナ号というスペイン船の拿捕に成功した。この船にも財宝が満載されていた。

キャヴェンディッシュはドレークに倣(なら)って、太平洋を横断し、フィリピンでスペインの拠点を攻撃した上で、ジャワや喜望峰を経由してイギリスに戻った。キャヴェンディッシュがプリマスに到着したのは、王立海軍がスペインの無敵艦隊を破った六週間後の一五八八年九月だった。イギリス中が喜びで沸き立っている最中だった。そこにドレークの快挙からたった八年後にふたたび世界一周を成し遂げたイギリス船が帰還して来たわけだ。キャヴェンディッシュはエリザベス女王に大歓迎され、彼もまたナイト爵に叙せられた。

キャヴェンディッシュはその後もう一度世界一周を成し遂げるべく、五隻から成る船団を組織し、一五九一年八月にプリマスから出帆している。しかし、この航海は大惨事に終わった。キャヴェンディッシュは大西洋上で死亡し、イギリスに戻ることができた乗組員の数はわずか一握りだった。

世界一周の名声の裏には多大な犠牲が潜んでいた。ドレークの遠征の際に出航した五隻のうちイギリスに帰還できたのはたった一隻のみだった。キャヴェンディッシュの最初の遠征でも三隻のうち一隻しかイギリスに戻れなかった。乗組員の三分の二は、飢餓、病気、戦闘などにより祖国に戻れないという大変厳しい現実があった。このような状況において、世界一周はまさに快挙であり、容易に実現できるものではなかった。

その後も、アジアへ航行する遠征は数回試みられたが、すべて失敗に終わった。アジアへの遠征には、莫大な投資資金が必要だった上に、大きなリスクが伴った。そのようなリスクを冒してアジアへの航海事業に投資するイギリス商人が一五九〇年代にはいなくなった。イギリス人は航行もしやすく、距離も近かったカリブ海での海賊行為に徹していた。

しかし、ドレークとキャヴェンディッシュの世界一周の成功に触発されて、アジアへの航海を夢見るイギリス人船乗りは少なくなかったはずである。そのような夢を実現させる機会を与えてくれたのはオランダ人だった。

一五九五年にオランダで四隻からなる艦隊がコルネーリス・デ・ハウトマンの下で組織され、喜望峰を回る航路でアジアに渡航した。この遠征はさほどの利益を生むことができなかった。しかし、アジアへの直接渡航と貿易が可能であることを証明した功績は大きかった。

ハウトマンの遠征の成功を受けて、オランダ各地で資金が集められ、アジアと貿易するために複数の会社が設立された。一五九八年に五社がそれぞれアジアに向けて船団を派遣している。オランダ人の成功の秘訣は優れた造船技術、豊富な資金、貿易の知識と情報収集能力だった。

イギリスの冒険家たちにとって、オランダ船でアジアへ航海する機会が得られることは非常に魅力的だった。スペインに対する戦争においてイギリス人とオランダ人は戦友だった。また、航海においても協力関係が存在していた。ドレークおよびキャヴェンディッシュの世界一周にオランダ人の乗組員も参加していたことが分かっている。逆に、オランダ船の航海にも、経験のあるイギリス人の船乗りは積極的に採用されていた。王立海軍やバーバリ商会で長年経験を積んだアダムスもまた、アジア進出を図るオランダ人にとって有望な人材だったのである。

第二章　リーフデ号の悲惨な旅とアダムス

> そこで、わが主の紀元一五九八年に、私は、ピーテル・ファン・デル・ハーゲンとヨーハン・ファン・デル・フェーケンのアジア会社によって装備された五隻の帆船の舵取り頭として雇用された。この船団の総司令官はジャック・マヒュという商人だった。船団の旗艦であった彼の船で私は舵取りを務めた。
> (ウィリアム・アダムスから未知の友人および同国人宛の手紙、一六一一年十月二十三日)

†ハーゲン船団

アダムスにアジアへ渡航する機会を与えたのは、オランダのロッテルダムで企画された五隻編成の船団のアジアへの派遣だった。企画の発起人ピーテル・ファン・デル・ハーゲンという商人は、アムステルダムとロッテルダムで商業を営んでいた。たびたび船団を装備し、ヨーロッパ各地との貿易事業を進めていた。船団をアメリカまで派遣することもあった。

オランダがイベリア諸国と戦争中だったにもかかわらず、ハーゲンはポルトガルのアフリカの拠点でもうまく貿易を行っていた。ハーゲンはアントワープ（現ベルギー）出身の商人だった。アントワープは、ネーデルランドがスペインに対して独立戦争を起こした時に独立派の中心都市となった。しかし、一年間の激しい戦闘の末、一五八五年にスペイン軍に占領された。その後、アントワープは南ネーデルランドの諸都市と共にスペインの支配下に残った。この戦争で最終的にスペインから独立できたのは、現在のオランダの領土にほぼ等しい地域のみだった。

独立戦争以前のアントワープはイベリア諸国と関係の深いヨーロッパ有数の国際都市で、北西ヨーロッパにおける貿易や金融の中心地だった。独立戦争の際、町が戦乱によって大きな被害を受けたため、数多くのアントワープの裕福な商人たちが北ネーデルランド（オランダ）のアムステルダムやロッテルダムに移住した。これらの商人たちは豊富な資産および商業における豊かな経験やネットワークをオランダに移して、活発な商業活動に乗り出した。ハーゲンもその一人だった。

一五九七年八月にハウトマンの船がアジア渡航から戻った直後に、ハーゲンはアジアに船団を派遣する計画を立て始めたようである。実行に向けて、ハーゲンは知人たちに声をかけた。ハーゲンと同じくアントワープ出身でロッテルダムに移住したヨーハン・ファン・デル・フェーケンという非常に裕福な銀行家がこの話に耳を傾けた。彼はハーゲンの計画に賛同して、共同で事業を立ち上げることに合意した。

ほかにも複数の商人たちが計画に参画し、出資した。中でもハンス・ブルールスの参画は注目すべき点である。彼は一五九二年にアントワープ出身の商人セバルツ・デ・ウェールトなどと一緒にオランダのバーバリ商会を設立したアムステルダムの商人だった。このウェールトがアダムスとハーゲン船団との接点だったのではないかと筆者は考える。

オランダのバーバリ商会は、イギリスのバーバリ商会と同様にモロッコとの貿易を行っていた。ウェールトは商務員としてバーバリ商会に参加していたので、実際にモロッコに派遣されたこともあったと思われる。少なくとも、ウェールトの兄弟の一人、ダーヴィド・デ・ウェールトもしばらくモロッコに滞在していたことが分かっている。オランダ船やイギリス船がモロッコに到着すると、彼の地に数ヶ月間も停泊することは珍しくなかった。というのも、貿易の許可や交渉、荷物の積み降ろしなどには大変長い時間がかかるのが常だったからである。

イギリスのバーバリ商会の船長あるいは舵取りとしてモロッコに派遣されていたアダムスは、モロッコで船が停泊しているあいだはあまりやることがなかった。ただただモロッコからの出発を待つのみだった。モロッコはイギリスとは宗教や文化が著しく異なる国であった。そこに同じプロテスタント信者であり、戦友であったオランダ人も滞在するので、彼らとの交流が自然に成立したはずである。このような環境のもとでアダムスはウェールト兄弟と色々なことを話す機会に恵まれたと考えられる。アジアへの渡航の企画についてもこの時に聞き知った可能性がある。

†出航準備で賑わうロッテルダム

アダムスは一五九八年の春にオランダに渡ったと推測される。彼はロッテルダムでしばらく待機したと考えられる。北海に注ぐマース川に面しているロッテルダムは経済活動で活気づいていた。十六世紀前半にはまだ小さな町だった。しかし、十六世紀後半にアントワープの裕福な商人たちが戦乱から逃れて、この町に移住してきた。町の人口が爆発的に増加して、十六世紀末に一万人を超えた。当時としては大都市の部類に入る。

ロッテルダムは以前から宗教面において寛容な町だった。宗教戦争が激化する中、ロッテルダム内では宗教的な対立はほとんど皆無だった。このような環境においてアントワープから移住してきた商人たちは自由な経済活動を営むことができ、ロッテルダムはあっという間に国際貿易都市に成長した。

広い水堀と城壁に囲まれていたこの町の中を複数の幅広い運河が横断していた。運河や波止場には数え切れないほどの数の大型船が停泊していた。

町の中央に豪華な市庁舎があり、そのすぐ近くに大きな教会が建っていた。いくつかある市場は多くの人で賑わっていた。また、外国人もそれに加わった。ハーゲン船団に参加するためにオランダ各地から船乗りが集まってきた。ハーゲン船団に関する種々の現存記録によると、八ないし十人のフランス人の兵士および数十人のイギリス人も乗船していたという。また、一人のポルトガル人の少年もいた。

ハーゲン船団に参加する船乗りは総数約五百人に上っていた。同時期に、オリフィール・ファン・ノールトというロッテルダムで宿屋を経営していた人物も、アジアへの渡航を企て、四隻編成の船団の出発を準備していた。この船団に参加するために四百人近くの船乗りが待機していた。両船団のために合わせて約九百人の船乗りがロッテルダムに集結していた。人口一万人の町としてはかなりの割合を占める数である。

アダムスは一人でロッテルダムまで来たわけではなかった。アダムスの弟トーマスも一緒だった。また、アダムスの良き友ティモシー・ショッテンやトーマス・スプリングというイギリス人の舵手たちもいた。

このように、アダムスは数人のイギリス人のグループでロッテルダムに渡ったと思われる。乗船を待つ船乗りで溢れる町のどこで待機していたのだろうか。一般の船乗りたちはすでに船の中で待機していたと推測される。アダムスたちもそうだったのかは不詳である。舵手という地位だったので、場合によっては、ロッテルダムの宿に泊まっていたのかもしれない。

このイギリス人一行の中に、アジアへの渡航経験者が一人いた。それはショッテンだった。彼は世界一周を成し遂げた前述のキャヴェンディッシュの船の乗組員の一人だった。待機しているあいだにアダムスたちがショッテンのアジアでの経験談を聞く時間はたっぷりあったのだろう。彼らの心の中でこの未知の地への期待が膨らんでいったに違いない。

†五隻の船に乗組員約五百人

アダムスたちが待機しているあいだに船の装備が着々と進められた。ハーゲンは五隻の船を購入していた。これらの船の装備と外観については、のちにスペイン人の捕虜になった乗組員の尋問記録に詳しい。この記録に沿って、各船についてみていく。五隻のうちホープ号が一番大きな船だったため旗艦となった。「ホープ」とは「希望」を意味する。三本のマストがあり、船尾の外板には錨(いかり)と女性の絵が描かれていた。この船には百三十人が乗船し、三十四門の大砲が備え付けられた。アダムスはショッテンとスプリングと共にこの船に配属された。船長は船団の総司令官ジャック・マヒュであった。

このマヒュはどのような人物だったのだろうか。「彼は経験のある有能な商人である」と同時代のオランダ商人情報に通じたエマニュエル・ファン・メーテレンは書いている。マヒュはドイツのケルン出身だったと思われる。ハーゲンの親戚がケルンに居住していたので、その関係で総司令官として抜擢されたのかもしれない。船団が出帆する際、アダムスと同年齢の三十四歳だった。当時の史料には丁重で温和な人物として描写されている。その一方で、船団の総司令官のような重い責任を背負うのは初めてだった。彼が抜擢されたのは、船乗りやリーダーとしての資質を見越してのものではなく、商人仲間のコネによるものだったようだ。五隻から成る船団を率いるにはどこか頼りない。海のことをあまり知らない商人が船団を率いる立場にいるということは、長年の航海経験を有するアダムスにとっては不安材料だったのだろう。

アダムスの弟トーマスは副旗艦のリーフデ号に配属された。「リーフデ」は「愛」という意味である。二本のマストを持つリーフデ号には百十人が乗船し、十八門の大砲が積まれていた。船内に組み立て式小型帆船が格納されていた。この船はもともとエラスムス号と称されていたが、リーフデ号に改名された。この船の象徴となっていたものは船尾に飾ってあった学者の像である。この像はロッテルダム出身の学者デジデリウス・エラスムスを象(かたど)っている。十五世紀後半から十六世紀前半にかけて活躍したエラスムスは、カトリック司祭であり、神学者と人文主義者として名高い。中道を唱えるエラスムスの数々の著作はカトリック・プロテスタント両宗派に多大な影響を与えた。「ロッテルダムのエラスムス」と称されるほど、ロッテルダムの住民はとにかくエラスムスを誇りに思っていた。

アダムスがロッテルダムに滞在した時に、当時すでに博物館となっていたエラスムスの実家を訪れたかもしれない。少なくとも、中央広場に設置されていたエラスムスの木像は目にすることがあっただろう。寛容で自由主義者のエラスムスはまさにロッテルダムの象徴だった。彼の像がロッテルダムから派遣された船団の船に飾られていたのも不思議ではない。余談ではあるが、このエラスムス像はリーフデ号のうち唯一現存する部分であり、東京国立博物館に保管されている。

リーフデ号の船長を務めたのはシモン・デ・コルデスという人物である。彼は船団の副司令官でもあった。コルデスはアントワープ出身の非常に裕福な商人だった。商業活動のために長年ポルトガルのリスボンに滞在していたが、一五九〇年代初め頃にアムステルダムに移住した。おそらくハーゲンかフェーケンの知人で、船団の出資者でもあった。船団出発の時点では四十歳だった。リーフデ号にはシモン・デ・コルデスの同名の息子も乗船していた。息子はまだ十八歳くらいの青年だった。

残りの三隻もみていこう。ヘローフ号はリーフデ号とよく似た二本マストの船であった。百九人の乗組員が乗船して、二十門の大砲が備えられていた。名称「ヘローフ」が「信仰」を意味するだけあって、船尾の外板には十戒の文字が記され、その隣に女性の絵が描かれていた。船長は三十八歳のヘリット・ファン・ベウニンヘンだった。ドイツ出身のアムステルダムの商人であり、やっかいな人物だった。商務員として前述のハウトマンの艦隊に乗船していたが、渡航中の独断的行動がかなりひどかったようだ。船上の秩序を保つために、ハウトマンによって渡航期間中の大部分は船内に監禁されるほどだった。

このような経歴をもちながらも、ハーゲンたちはベウニンヘンを船長の一人に任命した。なぜだろうか。ハウトマンの航海関連史料におけるベウニンヘンの行動についての記述をみる限り、尊大な態度で自分を有能なリーダーと見せかける才能だけはあったようである。しかし、その見せかけに実際の行動が伴うかどうかについては怪しいところがあった。

四番目の船、トラウ号はリーフデ号やヘローフ号に比べて少し小さめで、乗組員は八十六名を数え、大砲は十六門備え付けられていた。「トラウ」とは「忠実」という意味である。船尾の外板には向かい合う形の両手が描かれていた。船長の任はユリアン・ファン・ボックホルトが務めた。この人物はドルドレヒト出身で、出発当時は二十八歳だった。病弱であった。

船団に参加した五番目の船はブレイデ・ボードスハップ号だった。ほかの船はスヒップ船という種類の船舶であり、オランダ船の中でも最大級の船だったのに対して、この船はヤヒト船の部類に入り、スヒップ船より一回り小さい分、速度が速い。そのため偵察などに使うのに便利な船種であった。乗組員は五十六人で、十九門の大砲を積んでいた。名称「ブレイデ・ボードスハップ」は「福音」の意味で、こちらもまたキリスト教に由来する命名だ。

ブレイデ・ボードスハップ号の船長は前述のセバルツ・デ・ウェールトだった。当時三十一歳であったウェールトは、すでにモロッコで貿易の経験を積んでいた。ウェールトは温和な人柄で、頭が切れる人だったようだ。世渡り上手で、誰とでも仲良くなれる性格の持ち主だった。

以上のように、船団の船長たちは、能力というよりも縁故で採用されたという印象が否めない。船長たちの中でウェールトだけは多少は頼れそうな人物である。そのほかの船長たちについては、経験が浅く、頼りない人もいれば、厄介者や病弱の者もいた。しかし、不安材料は船長たちだけではなかった。乗り込む船自体にもまた問題があった。各船舶はこの渡航のために造船された最新型の船ではなく、寄せ集めの中古の船だった。たとえば、ヘローフ号のマストは腐敗していて、崩壊寸前だった。錨綱も劣化があまりにもひどく、何度も切れる羽目になった。また、船団が六月中旬にいざ出帆するという時には、一隻の船がたちまち沈没し始めた。五隻のうちのどの船のことなのかは不詳であるが、修理のために船団は余儀なく港に引き返さざるを得なかった。この遅れはアダムスにとって懸念材料となった。彼は九月にアフリカ周辺で吹く逆風を気にしていた。逆風の時期にその海域に入れば、船が進まなくなり、食糧が底をつく危険があったからである。

†渡航の真の目的は「海賊」

この不穏な予兆にもかかわらず、町の人々は祝賀ムードに沸き立っていた。ハーゲン船団はハウトマンに倣って、喜望峰経由でアジアへ渡航し、そこであらゆる香辛料やそのほかの高価な品物を調達しに行くのだと一般に信じられていた。このアジア渡航が成功すれば、ロッテルダムに富と名声がもたらされるはずだった。

アジアで香辛料やほかの高価な品物を調達するという目的は、オランダの議会に提出されたハーゲンとフェーケンの助成申請書に明記されている。また、当時のほかの公式文書にも一貫してほぼ同じ内容が記されている。これらの記述はやや具体性に欠ける文言とはいえ、あくまでも貿易を主眼とした平和的な航海を思わせる書きぶりである。

ところが、ハーゲン船団には総数百七門もの大砲が積まれていた。各大砲用にそれぞれ八十発分の砲弾が用意されていた。ほかにも各船に火薬、銃、弾丸やそのほかの武器が大量に積み込まれていた。渡航中に海賊に遭遇した場合の自己防衛用としては十分過ぎる数量である。

さらに、この船団には大勢の軍人が乗船していた。このことへの言及が、現存している航海日誌や渡航後の複数の乗組員による証言の記録の中に複数箇所でみられる。水夫以外の乗船者はそれぞれマスケット銃や火縄銃を所持していた。軍人たちを統率する「曹長」までもいたようである。さらに船上で「軍事委員会」も設置された。平和的な貿易のための渡航とは思えない武装と組織である。

実は、ハーゲン船団には、一般市民や乗組員に対しては秘密にされていた、貿易とは別の目的があった。船団が出発した翌年に刊行された『ベルギー・オランダ史回顧録』にハーゲン船団の出発時の様子とその後の予定について記されている箇所がある。この本を編纂したのは、エマニュエル・ファン・メーテレンという人物である。アントワープ出身のメーテレンはロンドンでオランダ商人の総代表を務めていた。その立場を利用してスパイ活動も行い、一般の人では入手できないような内情に詳しかった。

ハーゲン船団の実態と計画に関してメーテレンは次の通りに記録している。「すべてのものが十分に装備されているこの船団は六月二十六(ママ)日にデン・ブリーレより出帆した。約五百人の人員が乗船していた。そして、その中に銃や武器に熟練した兵士が数多くいた。彼らはブラジルに向けて渡航を始めた。マゼラン海峡を通った後、チリとペルーの海岸に沿って航行し、フィリピン諸島に渡り、そしてその後に中国あるいは日本に航行する予定である。そして〔そこで〕貿易を済ませた後に、喜望峰経由で世界をひと回りして、ふたたび帰国する」。

このメーテレンの記録は公式文書に掲載されている内容と大きく異なる。メーテレンの記録からは、ハーゲン船団の編成には、ドレークとキャヴェンディッシュが成し遂げた世界一周を再現する意図があったことが示唆される。

このメーテレンの記録、船団の重武装、そしてその後の船団の行動を考え合わせると、ハーゲンたちによる船団派遣の真の目的が、太平洋に面した南アメリカの海岸でスペインの拠点と船を狙って、財宝を略奪し、それらの財宝でアジアで貿易を行うことだったのは疑いない。

船団にイギリス人が乗船していたのも偶然ではなかった。前述のようにアダムスの友人ショッテンはキャヴェンディッシュと共に世界一周を経験した舵手だった。その貴重な経験は彼を雇用する動機の一つになったはずである。

渡航の真の目的は、ほかの乗組員には秘密にされていたが、アダムスと一部の乗組員は知っていたのではないかと筆者は考える。その理由を筆者はアダムスの手紙に見出している。アダムスは二通の手紙でこの渡航について詳細に記述している。一通は未知の友人に宛てた手紙で、もう一通は妻に宛てた手紙である。もしも、計画された航路が喜望峰経由ではなく、マゼラン海峡経由だったことをアダムスが知らず、渡航中に実はマゼラン海峡経由でいくということが告げられたのだとしたら、この航路の違いは重大事項であるので、アダムスはそれについて手紙で言及しているはずだ。

ところが、妻への手紙では航路の変更について何の言及もすることなく、「我々はマゼラン海峡に到着した」と書いている。マゼラン海峡経由の針路についてあらかじめ妻に知らせていたことを思わせる書き方である。また、未知の友人に宛てた手紙でも「渡航を遂行するために、我々はマゼラン海峡を通過することを決意しながら、ブラジル海岸に向けて航路を定めた」と書かれており、もともとは喜望峰経由でアジアへ渡航する予定だったが途中で変更になったというようなことを示す言及はどこにもみあたらない。

一方、渡航後の複数の乗組員の証言によると、彼らは喜望峰経由でアジアへ渡航することを信じ込んでいて、船団が出帆した後に、マゼラン海峡に向かう針路を取っていると知った時に非常に驚いたという。

なぜ今回の渡航がマゼラン海峡経由であることを、乗組員をはじめとしてロッテルダム市民にも秘密にしなければならなかったのか。オランダにいるスペイン側のスパイに察知されないようにするためだったと思われる。しかし、情報漏洩を防ぐための対策だとすれば、それは無駄だった。ロッテルダム市民や乗組員の大半にはハーゲン船団の真の目的を隠し通せたかもしれないが、スペイン本国の中枢にはその情報が確実に伝わっていた。

その情報漏洩の原因は、ハーゲン船団よりも一ヶ月後にロッテルダムから出帆したオリフィール・ファン・ノールトの船団にあった。四隻から成るノールトの船団はハーゲン船団と同様にマゼラン海峡を通過し、南米でスペインの船とその拠点を攻撃するために重武装していた。ドレークとキャヴェンディッシュと共に世界一周を経験したイギリス人舵手も乗船していた。この情報が両船団の到着前にスペイン側に渡ってしまっていた。

一五九九年六月二十二日にスペイン領ペルーの副王はスペイン領ヌエバ・エスパーニャ（メキシコ）の副王から手紙を受信した。手紙の中で、ノールトが重武装の船団を率いて一五九八年八月八日にロッテルダムから出帆し、マゼラン海峡経由でチリに向かっているとの知らせがスペインのメディナ・シドニア公から届いたことが伝えられていた。この知らせに驚いた副王は「オランダの海賊」の到来に備えるために、海岸の防備とスペイン艦隊の装備に取りかかった。

†出帆

ハーゲン船団は一五九八年六月二十七日にロッテルダムから出帆した。この渡航について記した史料としては、アダムスの手紙のほかにヘローフ号の航海日誌および前述の乗組員による証言の記録が現存する。この三つの史料における情報を用いて、渡航の経過を以下に再現していく。

最初は北東風が吹いて、渡航は順調だった。しかし、イギリスの海域に入った途端に風向きが逆風に変わった。身動きが取れなくなったので、イギリス南部の海岸近くのダウンスという投錨地（とびょうち）に停泊し、風向きがふたたび変わってくれるのをひたすら待つことになった。その二週間後の七月十五日にようやく東風が吹くようになったので、船団はふたたび動き出した。

風向きは絶えず変わっていたので、船団の進む速度は非常に遅かった。数週間ものあいだ何も起こらなかった。アダムスの目の前に浮かんでいたのは、どこまでも続く広い海のみだった。この状況は八月十日まで続いた。その日の夜になると、ポルトガル南西端の地点であるサン・ヴィセンテ岬の近くで突如として四隻の船影が遠くに見えてきた。そのうちの一隻はスペインの小型船だと分かったので、マヒュはアダムスたちにその船団を追うように命じた。ホープ号の船員たちは、逃げ出した四隻の船をむきになって追いかけ、四隻のうちの一番大きな船に大砲を向けて砲弾を放った。

攻撃を受けた相手側の船は降服した。マヒュは小型船を派遣し、その船のことを調べさせた。小型船が戻ったところ、捕えたのはスペイン船ではなく、イギリス船だと判明した。マヒュはアダムスたちに命じて、ホープ号の針路を変え、僚船のもとへ戻ることにした。一方、ホープ号が戦闘態勢に入った様子を見たハーゲン船団に属するほかの船の船長たちもそれぞれイギリス船を追いかけていた。ウェールトが率いるブレイデ・ボードスハップ号は一隻のイギリス船を捕え、イギリス人の船長を自分の船に移した。

これらの行動はすべて暗闇の中で行われた。それゆえに、ハーゲン船団の五隻は互いの位置が分からなくなっていた。翌日になって、ようやく五隻がふたたび集合した。前述のイギリス船長はホープ号に引き渡された。マヒュは丁重な態度でイギリス船長を迎え入れた上で、今回、攻撃を仕掛けたのは敵であるスペインの小型船が目に入ったためであると謝罪した。このイギリス船長との会話を通じて、ハーゲン船団と遭遇する少し前に、二隻のイギリス船が一隻のスペイン船と一隻のオランダ船をそれぞれ拿捕していたことが判明した。

ただ、イギリス人がこのオランダ船を拿捕したのは、実はスペインと密貿易を行っていたためだったという。敵国との貿易は禁止されていたので、マヒュはイギリス船長を咎めることなく、拿捕されたオランダ船をそのまま連行させることに決め、イギリス船長を解放した。同胞がイギリス船の捕虜にされたまま行かせることに船員たちは違和感を覚えたが、マヒュに説得された。長い旅で食糧が必要だったので、拿捕されたオランダ船に積んであった米をイギリス人から購入した。また、そのオランダ船から数人の乗組員を解放してもらい、自分の船に移した。こうして、イギリス船と別れた。

今回のイギリス船との遭遇の顚末から分かる通り、ハーゲン船団はこの航海に際して、過分な戦闘態勢で臨んでいた。もし、遭遇した四隻がスペイン船であったならば、確実に戦闘になっていたはずである。イギリス船に対して示された紳士的な対応は、ハーゲン船団に多くのイギリス人が乗船していたことに起因するのかもしれない。

†危険な計算ミス

ハーゲン船団はサン・ヴィセンテ岬からギニアに向けて航行を続けた。西アフリカ西端に位置するギニアは南米に最も近い地点であるので、そこから南米に渡る予定だった。ところが、九日後の八月十九日にモロッコの海岸に接近してしまった。これには全員が大いに驚いた。というのも、舵手たちの推算では船は海岸からずっと離れた針路を進んでいるはずだったからである。陸地に接近していることに気づいた時には水深十二尋（約二十メートル）の浅瀬にいた。陸地に向かって吹く風が強く、船がどんどん陸の方に流されたので、船員たちは慌てて錨を下ろした。

三尋半（約六メートル）以下の水深であれば座礁する危険があるにもかかわらず、ベウニンヘンが率いるヘローフ号は水深五尋（約九メートル）以下のところに入ってしまい、錨の綱が岩礁に引っかかった。二人の水夫が海に飛び込み、その綱を外し、かろうじて陸から離れることができた。

ハーゲン船団の中で唯一危険を未然に防いだのは、アダムスが乗っていたホープ号だった。モロッコの海域での豊富な航海経験を有していたアダムスは、早い段階で陸への接近に気づき、船が沿岸近くに流されないようにうまく舵を取ったようである。運良く、ほかの船も沖合に出ることに成功し、五隻がふたたび集合した。

この計算ミスの原因は何だったのだろうか。舵手たちは船の位置を推算する作業を毎日行っていた。船の位置を確定させたら、その情報をもとに進むべき針路を計算していた。自船の位置確認のためには、緯度と経度の推算が必要である。

緯度を算出するために、北極星や太陽の位置が拠り所として用いられた。北半球では北極星と水平線の角度（高度角）を計測することで緯度を割り出すことができる。ただ、昼間や南半球では北極星は観測できないので、太陽の高度が拠り所として用いられた。四分儀やほかの天体観測機器を用いて、正午時点での太陽の高度を測定していた。太陽の高度を天体暦と照らし合わせることによって、緯度を割り出すことが可能だった。この作業は二、三人で行わなければならなかった。太陽を直視するので、この作業を長年続けていくうちに舵手は視力を失っていくことになった。また、機器の精度、測定者の技能や天候により多少の誤差も生まれた。

一方、経度の推算は非常に困難だった。経度を割り出すための拠り所となる天体はなかった。そのため、基準点から船の進んだ距離および針路の角度のデータが必要だった。船の進んだ距離を割り出すために、等間隔に結び目の入ったロープに木片を取り付けたものを海に落とし、その木片の流れる距離をロープの結び目で、そして時間を砂時計で測定した。これにより進行距離を算出した。この進行距離のデータと羅針盤で特定された針路の方角をもって経度が推算された。

これらのデータを舵手は毎日ログ・ブック（航海日誌）に記入し、自分の居場所をできる限り正確に把握することに努めていた。ハーゲン船団のログ・ブックは現存していないが、アダムスが別の航海中に付けたログ・ブックは現存している。その中には毎日の進行距離、方角や推算された船の位置のデータが綿密に記録されている。このログ・ブックからは、航海術をしっかりと身に付けていて、非常に几帳面な性格であったというアダムスの人物像が浮かび上がる。

とはいえ、特に経度に関していえば、進行距離の計測方法が原始的なものである上に、海流など測定の正確さを阻害する要因が数多くあった。また、羅針盤の精度が低く、大きな誤差が出るのも必至だった。この誤差により、船は目指していた場所とまったく違う場所に辿り着くこともしばしばあった。

しかし、今回の危機に直面して、舵手たちの航法計算ミスへの不満が船員たちのあいだで高まった。マヒュはこの状況を重く受け止め、すべての船長と甲板長（かんぱんちょう）をホープ号に召集した。軍事会議が開かれ、船長と甲板長に、各船の舵手によって計算された船位を確認させると共に、すべての船の舵手の計算との照合を行わせることが決定された。

†カーボ・ヴェルデ諸島での食糧争奪戦

ここから船団は南下して、カーボ・ヴェルデ諸島に向かった。カーボ・ヴェルデ諸島はアフリカ大陸の最西端より西の方へ約三百七十五キロ離れた群島である。大小の島十数島

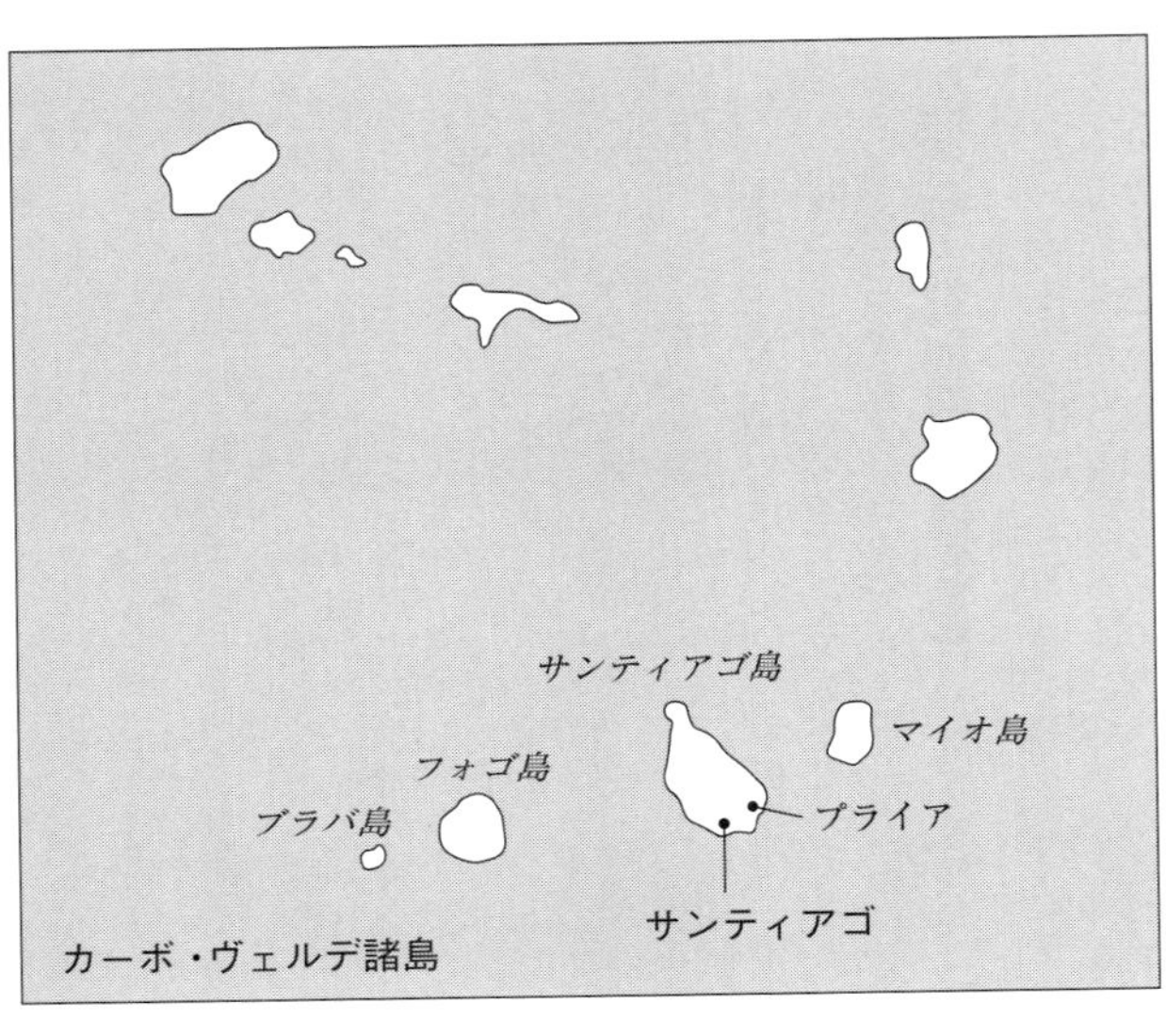

から成る。これらの島にはポルトガル人が移り住み、いくつかの拠点をつくった。住民たちは奴隷貿易で生計を立てていた。

八月三十一日にサンティアゴ島が見えてきた。サンティアゴ島は佐渡島とほぼ同じ大きさで、カーボ・ヴェルデ諸島のなかで最大の島である。この島の南西部に位置している町サンティアゴ（別名リベイラ・グランデ、現在のシダーデ・ヴェーリヤ）はポルトガル人の主要な拠点だった。第一章でみたように、かつてドレークによって攻撃を受けた町である。ハーゲン船団はこの町のすぐ近くまで航行した。

この時点でアダムスの乗っていたホ

ープ号には六十人の病人がいた。その多くは壊血病にかかっていた。また、熱病にかかっている者も多くいた。この状況を懸念したマヒュは、島に上陸し、肉や果物を獲得することが得策であると考えた。また、不足してきた飲み水も補給する必要があった。

食糧を運搬する小型船が島々のあいだを縫ってサンティアゴの停泊地に定期的に帰港するとの情報を入手していたマヒュは、その食糧を略奪する作戦を思いついた。そこで、兵士を乗せた小船をベウニンヘン船長の指揮のもとで停泊地に向かわせた。その時にはすでに夜になっていて、停泊地に接近したところ、敵地に複数の灯火が見えた。敵がオランダ人の到来に気づいていることを察知したベウニンヘンは、この作戦を諦めて引き返した。

翌日に船団はサンティアゴ島より二十六キロ東方に位置するマイオ島に渡航した。ホープ号は沖に残ったが、ほかの船は島のすぐ近くに投錨した。常に我先にを地でいくベウニンヘン船長が今回も上陸することになった。病弱なボックホルト船長も意地を見せて、彼について行った。探索は夜中まで続いた。翌日の正午ごろにようやくこの船長二人が戻ったが、食糧も水も見つからなかった。代わりに年老いたポルトガル人と数頭のやせ細った山羊を連れ帰った。

さっそく、その年老いたポルトガル人を尋問したところ、サンティアゴの町には武装したポルトガル人が五百人、アフリカ人が千五百人いることが判明した。午後になって、マヒュは帆を広げる指示をした。船団はふたたびサンティアゴ島に向かった。サンティアゴ島の南東側の海岸に沿って航行しているうちに、その島の一角を曲がったところで船のマストが見えてきた。そこは、プライアという町の停泊地で、サンティアゴよりも約十キロ東に位置していた。

その停泊地に近づくと、そこに一隻の大型船と二隻の小型船が停泊しているのが見えた。今度はリーフデ号のコルデス船長とブレイデ・ボードスハップ号のウェールト船長がイニシアティヴをとった。彼らはそれぞれ漕ぎ船を出して、停泊していた二隻のポルトガルの小型船に乗り込んだ。しかし、その二隻の船には奴隷として運ばれる捕虜のアフリカ人以外には誰もいなかった。船の中にあった積荷や食糧はポルトガル人がすでに陸に上げていた。見つかったのはワイン一本、オイル一本とパン四、五樽分くらいだった。それらの僅かな食糧はハーゲン船団の船に持ち帰られた。

プライアの停泊地はU字型の入り江に面し、その後ろの丘の上に町が広がっていた。町の海に面した部分には砦が築かれていた。コルデスとウェールトの漕ぎ船は、ポルトガルの小型船と自船のあいだを往復している時に、砦から銃撃を受けていた。それを見たマヒュは、すべての船長に対して、漕ぎ船を用意して、ベウニンヘンの指示を待つことを命じた。

そのあいだに、同じくこの停泊地に寄港していた前述の大型船からその船長がリーフデ号に連れて来られた。この船はドイツのハンブルクから来航し、ブラジルに向けて渡航中だった。船長はヘルマン・ウェッベという人物だった。オランダはドイツと戦争中ではなかったので、その船に危害を加えなかった。ただ、オランダ人は、食糧確保のための交渉をプライアの住民とする必要があったので、その仲介を彼に頼んだ。ウェッベは真夜中に戻ってきて、「サンティアゴにいる長官に使者を送って相談する」とのプライアの住民からの回答を持ち帰った。

この回答を受けて、サンティアゴから兵を連れてくるための時間稼ぎだと察知したマヒュは、軍事会議を開き、ベウニンヘンと曹長ロンバウト・ホーヘスチュールに上陸するよう命じた。彼らは百五十人の兵士を連れて、漕ぎ船で陸に向かった。そして、陸に着いた兵士たちは、戦闘隊形を整え、軍旗を掲げて、太鼓およびトランペットを大きく鳴り響かせ、銃を撃ちながら砦に向かって進軍した。砦からは迎撃があり、二人の兵士が怪我を負ったが、その後、砦を守っていたポルトガル人が姿をくらました。ところが、せっかく制圧したプライアの町には人も食糧も何もなかった。オランダ人は町をとりあえず占拠し、背後の陸からの攻撃に備えて防備を固めた。

このようなハーゲン船団の兵士たちによる軍事的行動を目のあたりにした船員たちは、

自船団の軍事的性格をいやがおうでも知ることになった。戦闘隊形を保つのはかなり難しい。ある程度の訓練を重ねた軍人でないとできないことである。「船団に大勢の軍人が乗船していた」という前述の船員たちによる証言は、このプライアの制圧によって十二分に裏付けられる。船員たちは整然とした隊列の様子と軍人の勇敢さを見て大いに驚いたという。

プライアの占拠が行われた時に、アダムスはホープ号の船上に残っていたと推測される。したがって、この後に陸で起こったことについてはこれ以上深入りしない。結局、プライアでもオランダ人は食糧を獲得できなかった。その後、数日間にわたってオランダ人とポルトガル人との間に交渉が行われ、その結果、「サンティアゴに来航すれば、食糧を与える」という提案がポルトガル人側から出された。

これ以上の時間を失いたくなかったマヒュは、この提案に応じることにした。彼はプライアを占領していた兵士たちを船に引き上げて、さっそくサンティアゴに向かった。しかし、強風に妨げられて、船団はサンティアゴの停泊地に入ることができなかった。アダムスたちは並々ならぬ努力を重ねたが、どうしようもなかった。希望を捨てたコルデス副司令官は、いったんプライアに戻ることにした。そのことをポルトガル人に伝えるために漕ぎ船を出して、サンティアゴに向かわせた。

漕ぎ船に乗ってサンティアゴに向かった十二人の船員たちが陸に辿り着くと、予想外の光景を目のあたりにした。そこには武装したポルトガル人が大勢いて、砂浜には大砲が並べられ、オランダ船を待ち構えていた。ハーゲン船団が停泊地に入ってきたら、砲撃する予定だったようである。十二人の船員たちは家屋に監禁され、一晩サンティアゴで過ごした。翌日には解放され、船団に戻った。待ち伏せについて知ったマヒュは、余儀なく船団を率いてふたたびプライアに戻った。コルデスはプライアをふたたび占拠し、樽を陸に上げて、飲み水を汲み入れる作業に入った。

そうしているうちに、ポルトガル人の騎兵隊が到着し、プライアに攻撃を仕掛けてきた。ホーヘスチュール曹長の部隊が攻撃をかわすあいだ、船員たちが飲み水の補充を急ピッチで続けた。船上からこの戦闘の様子を観察していたマヒュは、陸にいるオランダ人の救出のために一部隊を送り、オランダ人全員を船に戻した。

マヒュは船員たちの置かれた状況を懸念していた。船員の大部分が病気にかかり、マヒュ自身も発熱していた。船団は何も成し遂げられないまま、この時点ですでに十一日間カーボ・ヴェルデ諸島で時間を浪費していた。事態を打開するためにマヒュは、サンティアゴ島を後にして、その西方に位置しているブラバ島に航行した。その島でベウニンヘンとボックホルトが上陸し、なんとか必要なだけの飲み水を確保した。

続いて、ウェールトも漕ぎ船で上陸した。彼は偶然にも小さな集落の小屋で穀物の備蓄を発見した。それを略奪すると共に、砂浜で見つけた、それぞれ六百個以上の卵を孕んでいる二匹の大きな亀を船に運んだ。わずかとはいえ、ようやくなんらかの食糧を獲得できたことで船内は歓喜に満ちた。

†総司令官マヒュの死

マヒュ総司令官の健康状態を気に掛けていたウェールトは、食糧を確保した後すぐに旗艦へ赴いた。マヒュを見舞ったところ、病状がかなり悪化していることが判明した。この状況を重くみたウェールトは、すぐにほかの船長たちを旗艦に召集し、艦長室で会議を開いた。自分はもう長くないことを悟ったマヒュは、コルデス副司令官に全権を委任した。

コルデスはリーダーシップを発揮して、さっそく各船に備蓄されていた飲み水の量を調査させ、各船のあいだで平等に分けるように指示を出した。また、旗艦に病人があまりにも多かったため、各船に三、四人ずつ病人を振り分け、健康な者を旗艦に移すことも決めた。この時に毎回の食事の配給量も減らされた。船団は北東の風に乗って、九月十五日にカーボ・ヴェルデ諸島を後にした。

一週間後の九月二十二日に旗艦が大砲を鳴らし、船尾の旗を半旗の位置まで下げた。これを見た各船長たちはすぐに旗艦に乗り込み、そこでマヒュが高熱を出して、極度に衰弱している様子を目のあたりにした。回復する見込みはもはやなくなっていた。次の日の夜中に、コルデスとベウニンヘンに看取られて、マヒュは息を引き取った。

二十五日にすべての船長と甲板長が旗艦に乗り込み、マヒュの葬儀に参列した。マヒュの死体は、重量を加えるための石をたくさん詰め込んだ棺に納められた上で、船長たちによって艦長室からマストまで運ばれた。その後、棺は海中に流し沈められた。

†リーフデ号への配置転換

総司令官が亡くなったことを受けて、軍事会議が開かれた。その場でハーゲンなどの船主たちから託されていた書状が開封され、皆の前で読み上げられた。そこには、マヒュが渡航中に死亡した場合、コルデスが彼を引き継ぐべきであると書かれていた。このような正式な形でマヒュの後継者について決着がついたことで船員の不安が取り除かれた。すべての船長と甲板長がコルデスに忠誠を誓った後に、コルデスは新総司令官として旗艦ホープ号に移った。

コルデスは副司令官の選任にあたって、常に先頭に立つベウニンヘンを選んだ。それを受けて、ベウニンヘンは船長として副旗艦のリーフデ号に移った。食糧獲得に尽力したウエールトはヤヒト船の船長から昇格して、ヘローフ号の新船長に就任した。ボックホルトはトラウ号の船長としてそのまま留任した。ヤヒト船ブレイデ・ボードスハップ号の船長にはディルク・ヘリツゾーンが選ばれた。このヘリツゾーンは以前にポルトガル人のために働き、アジアに長く滞在した人物であった。中国と日本にも渡航した経験があった。それゆえに「ディルク・シナ」と呼ばれていた。ヘリツゾーンはポルトガル語が堪能だったため、サンティアゴ島でのポルトガル人との交渉の折に活躍した。

ブレイデ・ボードスハップ号の船長になる以前のヘリツゾーンの役割はどのようなものだったのか。これについては航海日誌に明記されていない。のちに捕虜となった際の本人の証言記録によると、彼はもともとリーフデ号に乗船していた。また、複数のほかの史料には彼が甲板長兼舵手だったという記述がみられる。これらの情報に依拠すると、ヘリツゾーンがブレイデ・ボードスハップ号に移ったことにより、リーフデ号にはベテランの舵手がいなくなった。

これまでみてきたところでは、アダムスは舵手として旗艦ホープ号に乗って、マヒュの指揮下で活躍していた。アダムスが途中でホープ号からリーフデ号に移ったことは知られているが、その異動の時期についての記録は、アダムスの手紙にもヘローフ号の航海日誌にもみあたらない。今回の船長の大幅な異動に際して各船の間の人員異動も合わせて行われたと思われる。したがって、アダムスがリーフデ号に移ったのはこの時ではないかと筆者は考える。

その理由は次の通りである。前述の通り、ヘリツゾーンの異動によりリーフデ号には経験のある舵手がいなくなった。リーフデ号の舵手が不足するのに対して、旗艦には経験豊かな舵手が二人もいた。それはショッテンとアダムスだった。ショッテンがその後ももう一人のイギリス人トーマス・スプリングと一人のオランダ人舵手と共に引き続きホープ号の舵手を務めたことは史料から裏付けられる。一方、今回の人事異動の時点とアダムスがリーフデ号に乗船しているという記述がアダムスの手紙にみられるようになる時点とのあいだの空白期間において、リーフデ号の舵手を補充する機会の出現する場面が史料ではみあたらない。このことからアダムスが舵手の空席を埋めるためにリーフデ号に配置替えとなったのがこの大幅異動の時だったと推定することは合理的であろう。

前述のように、リーフデ号にはアダムスの弟が舵手として乗船していた。リーフデ号の舵手について、のちに捕虜になった船員の証言記録にみられる複数の記述を繋ぎ合わせると、提供されている情報は次のようにまとめられる。リーフデ号には三人の舵手がいた。そのうち、二人はイギリス人で、アダムス兄弟という。兄ウィリアムは約四十歳で航海術に非常に長けている。弟の名はトーマスである。つまり、今回の異動で、もともと別々の船に配属された兄弟が再会し、同じ船に乗り組んで渡航を続けることになった。リーフデ号で弟と共に舵手を務めるのはアダムスにとって非常に喜ばしいことだったに違いない。そして、新体制となったリーフデ号において、アダムス兄弟は、副司令官に昇任したベウニンヘン船長の下で働くことになった。

†留まるべきか、進むべきか

人事異動の調整が終わった九月二十九日に船団はふたたび出帆し、南西方向に進んだ。その数日後に、トラウ号から僚船に向けて合図が出された。それは、トラウ号の船長の身に何かが起こったことを知らせるものだった。しかし、強風のため、ほかの船がトラウ号に近づくことはできなかった。アダムスが舵手としての意地をみせて航行させたリーフデ号だけはトラウ号に接近することができた。海が荒れるなか、ベウニンヘン船長がトラウ号に乗り込んだ。そこでベウニンヘンが見たのは、重病を患っているボックホルト船長の姿であった。

しかも、病気を患っていたのはボックホルトだけではなかった。各船は壊血病にかかっている船員でいっぱいだった。新鮮な野菜や果物を摂取できず、ビタミンCが欠乏している時に起こる病気で、極度に衰弱し、立っていられなくなるという症状が出る。健康な船員があまりにも少なくなっていたので、帆の管理にさえ手が回らなくなっていた。

　その状況がすでに一ヶ月間も続いていたので、コルデスは十一月二日にすべての船長、甲板長と舵手をホープ号に召集し、会議を開いた。この会議にはアダムスも参加した。打開策についての意見を尋ねられたアダムスは、この場所は気に入らないと主張した。また、そもそもカーボ・ヴェルデ諸島に長く留まったことについてアダムスは強い不満を表明した。アダムスは妻に宛てた手紙で、「船長の一人は、これらの島で山羊などの食糧が豊富に見つかると我々に信じ込ませたが、それは事実ではなかった」とまで書き、非難している。会議でも同じような強い口調で船長たちに言葉を発したのかもしれない。実際に、船長たちは気を悪くしてしまい、喧嘩腰になった。

　ほかの舵手たちもアダムスと同意見だった。できるだけ早くこの地から離れるべきであると彼らは訴えた。しかし、この意見に船長たちは耳を傾けなかった。結局、船長たちと舵手たちとの間で意見の折り合いがつかず、会議は決裂した。アダムスたちは会議から排除され、今後船団の針路についての決定は舵手抜きで行われることが決議された。とはいえ、この口論からは、アダムスの性格の一面が浮き彫りとなって立ち現れる。常に丁寧な姿勢を保ちながらも、意見を聞かれたら、胡麻擂りをせずに、ありのままにものを言う。たとえ上司に対してであっても、また、相手の機嫌を損ねても、理不尽なことには付き合わない人だったようである。

　アダムスの意見に反して、さらなる航行は中断して、全員が快復できるように、とりあえず、肉や果物が豊富にあるとされたアンノボン島を探すことが船長たちのあいだで決定された。この決定を受けて、舵手たちは針路を東南方向に変更した。翌日に陸が見えた。これには舵手たちが大いに驚いた。なぜなら、彼らの計算では百オランダマイル（約三百八十五キロメートル）以上陸から離れていたはずだからである。百二十マイルと計算していた舵手もいれば、二百マイルもの誤差の出る計算をした舵手もいたそうである。この誤差が原因で、ふたたび大喧嘩になった。この時、数人が刃傷沙汰（にんじょうざた）に及ぶほど船員たちの感情が高ぶっていたという。

　コルデスはギニア湾の南端に位置するロペス岬（現ガボン領）への航行を決め、船団は十一月九日にその地に到着した。病人は上陸させ、病気から快復したボックホルトは陸上の責任者に任命された。ベウニンヘンとウェールトは飲み水と食糧を探すために内陸部に入り、現地住民と物々交換を行ったが、大した量の食糧は得られなかった。

　アダムスの懸念は的中した。上陸した病人のうち、十六人が病死した。また、快復した病人はほとんどいなかった。ロペス岬で十日ほど滞在したところ、コルデスまでもが発熱し、一時は生命が危うかった。ここでウェールトはふたたび活躍して、狩りによっていくらかのイノシシやバッファロー、鳥を捕まえ、その肉を病人に配給した。これにより壊血病を患っていた者はふたたび立てるようになった。快復したコルデスも上陸し、病人を励ました。

このように、壊血病から快復した者がいた一方で、体質に合わない気候のために発熱する者が後を絶たなかった。皆が頼りにしていたウェールトでさえも発熱し、二ヶ月ものあいだ船長室のベッドから起き上がれない状態が続いた。十二月八日に、とうとうコルデスはこの場所を離れてブラジルに向けて出帆する決定に踏み切った。ただ、出帆した直後に、壊血病からいったん快復した者が栄養不足のため、ふたたび壊血病にかかってしまった。これが理由で、コルデスは、大西洋を横断する前に、やはりアンノボン島に向かうことを決定した。

ロペス岬よりも西へ四百キロメートルの地点の大西洋に位置するアンノボン島はカーボ・ヴェルデ諸島と同様にポルトガル人の植民地だった。硫黄島よりもひと回り小さな島ではあるが、新鮮な飲み水と果物が豊富にあり、良好かつ安全な停泊地があるため、ポルトガル人が南米に渡るための食糧補給地として使っていた。

ハーゲン船団の航海途中のヨーロッパ・アフリカにおける寄港地

†アンノボン島の占拠

八日間の航行の末、アンノボン島が見えた。ポルトガル語のできるヘリツゾーンが二隻の漕ぎ船で陸へ派遣された。陸に向かうなか、ヘリツゾーンの眼前に広がってきたのは、広い砂浜だった。砂浜の奥には一棟の教会と数多くの掘っ建て小屋からなる町がみえた。町は山の麓に位置して長い塀に囲まれていた。また、町の右側には森が広がっていた。

砂浜に接近した時に、数人のポルトガル人とアフリカ人が陸側から海の方へ走って来て、上陸しないように身振りで示した。「我々は友人として来航している」とヘリツゾーンがポルトガル語で叫んだら、態度が一変して、砂浜に近づくように手招きした。病人に与えるための新鮮な食糧を得るために商品あるいは現金で交換したいとの旨を伝えたところ、翌日にふたたび来るようにとの返答を受けたので、ヘリツゾーンはいったん船団に戻った。

翌朝ヘリツゾーンはふたたび二隻の漕ぎ船で陸に向かった。しかし、今度はポルトガル人は強硬な態度で出てきた。彼らは砂浜で銃を構えて、帰るように叫んでいたので、ヘリツゾーンは余儀なく引き返した。報告を受けたコルデスはさっそく島への攻撃を命じ、兵士を二手に分けた。左手からはボックホルト船長が一部の兵士を連れて、右手からはホーヘスチュール曹長が主力隊を率いてそれぞれ漕ぎ船で上陸した。

敵の上陸を察知したポルトガル人とアフリカ人は、掘っ建て小屋に火をかけて、町の裏にある山に逃げ込んだ。掘っ建て小屋にあった荷物や食糧は夜中にすでにほかの場所に移されていた。彼らは後退しながらも銃撃を加えてきたので、ボックホルトの部下の一人が負傷した。

オランダ人は見捨てられた町を占拠した。翌日に病人たちを陸に移し、焼失せず残った掘っ建て小屋と教会の中で静養させた。森にはバナナやオレンジなど新鮮な果実がふんだんにあった。健康な船員たちは大喜びでそれらの果樹の方へ走って、果実を摘み取り始めた。しかし、喜びは長く続かなかった。森の中に潜んでいたポルトガル人から狙撃を受けて、数人が撃たれた。また、行方不明となっていたワウテルセンという船員の死体が翌日に通りの上で発見された。彼は撃ち殺されて、見せしめのために通りの上に置かれたとみられる。

　負傷者をこれ以上出さないために、コルデスは、果物を取りに行くために町から出ることを禁止した。果物が目の前にあるのにそれに手が届かない。船員たちは大変悔しい思いをしていたのだろう。禁止令に背き、危険を冒した者もいたので、死傷者が続出する結果となった。これを受けて、コルデスは命令遵守の徹底を促すために、絞首台を設置した。翌日に、武装した部隊がポルトガル人の狙撃兵を探しに森に出かけたが、一人も見つからなかった。その代わりに二十七頭の牛を連れて帰った。町に残っていた船員たちは歓喜し躍り上がった。しかし、この喜びもまた長続きしなかった。管理が疎(おろそ)かであったため、ほとんどの牛が逃げ出してしまった。

　数日後の十二月二十四日にコルデスは百五十人の兵士から成る部隊を町の裏にある山に派遣した。ポルトガル人がこの山に立て籠もり、たびたびオランダ人に奇襲攻撃を仕掛けていた。部隊は二本の山道を辿って山に登ろうとしたが、ポルトガル人からの銃撃や投石による激しい攻撃に遭った。一人のオランダ人が射殺され、複数の兵士が落石で負傷した。オランダ人はマスケット銃で応戦し、山頂を制圧したが、またもポルトガル人には逃げられた。しかし、山頂近くにビスケットの入った樽やオランダ産チーズ二個、スペイン産ワイン壺数個を見つけた。山頂にあった家屋を焼き払った後、オランダ人部隊は獲得した食糧をもって町に戻った。

オランダ人はアンノボン島で新年を迎えた。町で休養しているあいだに、壊血病を患っていた者は快復したものの、蒸し暑さと不慣れな気候のために、熱病の患者がどんどん増えるようになった。年を越した時点で、すでに船員三十人が病死してしまった。アダムスは強靭（きょうじん）な体の持ち主だったようである。船員のあいだで数多くの病人が出ていたなかで、アダムスが病気にかかったという記述はどこにもみられない。

アダムスも上陸し、養生する機会に恵まれた。彼が町を歩いて、住居の数を数えたところ、約八十軒だった。病気のために先に町に移されていた同胞のトーマス・スプリングを見舞うこともしたはずである。ショッテンと一緒にホープ号で舵手を務めていたスプリングは勇敢な若者で、船員たちのあいだで人気者だった。結局、スプリングは病に打ち勝てずにアンノボン島で息を引き取ってしまった。彼の悲運にアダムスは心を痛めたのだろう。

病人を見舞うために毎日欠かさず上陸していたコルデス総司令官は、この地で静養しても病人の数が減るどころか増える一方だという状況に直面して、一月二日に出帆することを決意した。新鮮な水、薪、ココナッツ、オレンジが船に積み込まれ、病人も船に運ばれた。病死した船員の死体を埋め、町に火を付けた後に、全員が船に戻り、翌日にアンノボン島を後にした。

†餓えとの闘い

ハーゲン船団はアンノボン島から直接マゼラン海峡を目指した。そのためには大西洋を南西方向に横断しなければならないが、南南東の風が吹いていたので、進む速度が非常に遅かった。一週間ほど進んだところ、何かが裂けるような大きな音が聞こえた。ヘローフ号の大マストが三箇所で折れて、海に落ちてしまった。マストの芯部分が完全に腐敗していた。これだけ長く保ったのも奇跡だと船員たちは感心していた。しかし、この時点でヘローフ号には健康な者は七、八人しかいなかった。また、ウェールト船長はベッドから起き上がれない状態が続いていた。この事故により彼の病気が悪化したとも言われている。

この事故が起きる様子をリーフデ号から見ていたアダムスは、ヘローフ号に乗り込むようにとの指示を旗艦から受ける。すべての甲板長と舵手がヘローフ号に集結して、新しいマストを作る作業に取りかかることになった。ここでアダムスの造船技術の知識が大いに役に立った。作業中にも航行を続けられるように、ヘローフ号をリーフデ号に綱で曳航(えいこう)させた。そのあいだに作業は急ピッチで進められ、一週間かけて、帆桁(ほげた)や綱止めなどを木材として使って新しいマストが作られた。新しいマストは応急処置として八つの部材を組み合わせて作った寄せ集めだったにもかかわらず、非常に頑丈だった。とはいえ、元のマストよりいくぶん短かったため、船の進む速度は落ちたのだろう。

この事故でアダムスはふたたび不安を抱くようになった。というのも、航行計画にどんどん遅れが生じていたからである。航行が長びくほど食糧が不足してくる。この時、食糧の配給は一人一日あたりわずかばかりのごった煮とそれに添えられるパン四分の一ポンド(約百十グラム)、そして、同じぐらいの量の水とワインのみだった。しかし、熱病から快復してきた船員たちは食欲旺盛で、その食事量では到底足りなかった。熱々のごった煮に食らいついて、あまりにもがつがつと食べていたので、口の中をやけどしてしまう者もいた。このため、食事の時間には船長たちが船員のそばに立って、ゆっくり食べるように注意していなければならなかった。

ある日、アダムスは信じがたい光景を目にした。あまりにも餓えに苦しんでいた船員たちが、船のロープの覆いとして使われていた牛革を食べていた。毎日の配給量がそれだけ不足していた。ヘローフ号の事故から二ヶ月が過ぎた三月九日に、アダムスの乗っていたリーフデ号に事件が起こった。一人の船員が数回にわたって夜中にこっそりと調理係の箱をこじ開け、パンを盗んでいたことが発覚した。ベウニンヘン船長が下した刑罰は容赦ないものだった。ほかの船員たちに対する見せしめとして、翌日に当該の船員は首にロープをかけられて、リーフデ号の船首斜檣（しゃしょう）に吊り下げられた。夕方にロープが切られ、死体は海に落ちた。死体はそのまま海で漂っていた。

同じ日に海が血のように赤く染まる現象が見られた。船員たちが海水をすくい上げてみると、海水に赤い虫が充満していることが分かった。手に取ると、海水中の虫がノミのように飛び上がってきた。彼らが見たのは、おそらくプランクトンという浮遊生物の大量増殖によって発生する赤潮だったのだろう。飢餓に直面し、肉体的にも精神的にも追いつめられていた船員たちにとっては、さぞかし不気味な光景として目に映ったに違いない。

三月も終わりに近づいた頃、船団は数回にわたって濃い霧に見舞われて、僚船をしばらくのあいだ見失う状況が生じた。しかし、霧が上がり、視界が晴れると、五隻は互いの船影を見つけて、共に航行を続けた。三月二十八日に激しい嵐に遭遇し、旗艦ホープ号の船首に亀裂が入った。侵入した海水を三つのポンプを使って汲み出す作業を行う必要があった。

四月二日の午後、三ヶ月ぶりに大陸が見えた。疲労困憊し、やつれた船員たちの心に希望が芽生えた。船団は陸に沿って南下した。四日後の四月六日に、ようやくマゼラン海峡の入り口に到着した。

†マゼラン海峡での越冬

マゼラン海峡の東側の入り口は開口部の大きい湾となっている。ここから入り江や狭い水路、島々、峡湾が連なり、大西洋と太平洋を結ぶ複雑な水路が形成されていて、それは約五百七十キロメートルも続く。最も狭い水路は幅が約三キロメートルしかない。常に深い霧がかかり、視界が悪い。浅瀬や岩が点在しているので、座礁しやすい。

マゼラン海峡の気候は、厳寒で、過酷である。海峡を挟む両側の陸地には崖岸や山岳が聳える。山岳の斜面から冷たい滑降風が吹き降りる。これは筆舌に尽くしがたい強風で、船を押しつぶすくらいの力をもっている。滑降風が吹くと、船上で立っているだけでも精一杯である。海は荒れて、波が巻き上がり、水煙を上げて、激しくうねる。

海峡に入ったハーゲン船団は、烈風に逆らいながら、北側の海岸に沿って西方へ進んだ。各船の船員たちは船を座礁させないように並々ならぬ努力を強いられた。熱病からようやく快復したウェールト船長指揮下のヘローフ号は、特に多くの災難に見舞われた。四月八

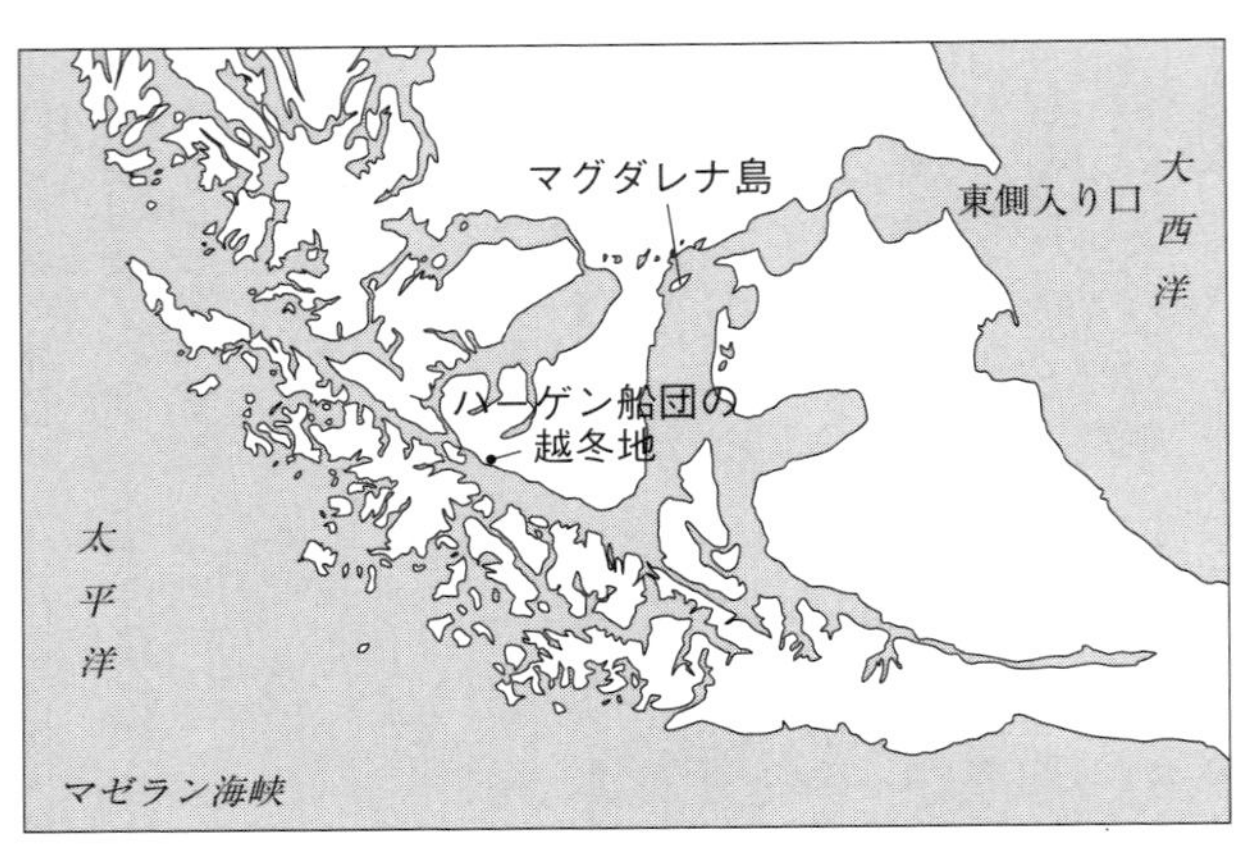

日に、嵐の中で船を安定させるために下ろしていた錨の綱が切れてしまった。あまりにも強い烈風のせいだった。嵐の中、船員たちは懸命に錨を探すが、霧が深くて、見つからない。これで大事な錨を一丁失くしてしまった。

同じ日の夜にヘローフ号はある島（現マグダレナ島）に異常接近してしまった。座礁したのではないかとウェールトは心配したが、喫水を計測したところ、まだ余裕があった。その場所で錨を下ろした矢先に、またも錨綱が切れてしまった。錨なしでは船が航行不能となるので、船員たちは必死に錨を探し、大変な骨折りをした末に錨を引き上げるのに成功した。

ヘローフ号が島の近くに停泊しているのに気付いたアダムスは、リーフデ号を操縦してヘローフ号に近づけた。ベウニンヘン船長とウェールト船長は翌日に漕ぎ船で島に赴き、そこでマゼラン海峡航行中に死亡したドルトという商務員の遺体を埋葬した。アダムスも付き添った。

島に上陸したアダムスたちは、そこで数え切れないほどの「鳥」を発見した。ペンギンだった。アダムスは、この見たことのない形の鳥について、「ペンギンはアヒルよりも大きい」と妻への手紙で説明している。何ヶ月も餓えに苦しんでいたアダムスたちは夢中になって、ペンギン狩りに取りかかった。「我々の漕ぎ船にペンギンをいっぱい積み込んだ」とアダムスは記している。

組織的に狩りをすれば、船団全員分の食糧を備蓄することが可能だったはずであるが、もうすぐ冬になるので、この島で時間を費やすのは得策ではないとコルデスは考えた。この日は天気が良好だった上、風向きも良かった。アダムスたちは急いでそこから出帆した。

一週間ほど航行した後に、船団は、北側の海岸を穿(うが)つように広がる湾（現フォーテスキュー湾か）に辿り着いた。良好な停泊地だった。コルデスはこの湾に長く留まるつもりはなかった。しかし、出帆に必要な追い風が訪れてくれなかった。代わりに次々と嵐が襲ってくる。烈風のために僚船同士が互いに衝突する危険もたびたび生じた。

来る日も来る日も船員たちは嵐によってもたらされた船の損傷の修理に追われていた。追い風になり、出帆できる状況となると、大急ぎで帆を用意し、錨を上げる。かと思えば、風向きが変わってしまうので、ふたたび帆を畳んで投錨する。この作業が何度も繰り返された。

その合間に、船員たちは、薪や水、ムール貝を採りに雨、風、雹（ひょう）、雪の中、漕ぎ船で陸まで行かなければならなかった。次第に冬になっていった。絶え間ない労働と厳しい寒さによって徐々に船員たちの体力が奪われていく。食糧も少しずつ底をつき始めた。魚を釣ろうとしたが、湾には魚がほとんどいなかった。陸で少しばかりの薬草や根菜を採っていたが、それでは到底足りなかった。生き残るためにはムール貝を探すしかなかった。ムール貝を見つけた船員はそれを船に持って帰らずに、その場で飲み込んだ。それだけ餓えが深刻になっていた。リーフデ号にはまだ米の備蓄が少し残っていたので、アダムスの苦痛は多少軽減された。それでも状況は非常に厳しかった。

アダムスはこの環境を不思議に思った。「四月が終わり、強風を伴う驚くほどたくさんの雪と氷に見舞われた。というのも、四月、五月、六月、七月、八月が当地では冬だからである」と妻宛の手紙で振り返っている。冬になると、マゼラン海峡を抜けるのに適した追い風がたびたび訪れた。アダムスはコルデスに出発を促したが、総司令官はそれに耳を貸さなかった。その間に船団の置かれた状況はさらに厳しさを増していった。

船員たちは凍える寒さに見舞われた。最終目的地のアジアは温暖な気候であるとの考えから、冬に適した服装を持ち合わせている船員はほとんどいなかった。船団の貨物として目的地で販売するためのオランダ産の毛織物が積まれていた。船員たちへの気配りを示して、コルデスはいくつかの箱を開けさせて、毛織物を配らせた。

しかし、船員たちの健康を守るには十分ではなかった。雪や雹を伴った身を切る鋭い風は耐えがたいものだった。岸に生えていた薬草はすぐに尽きてしまい、根菜も採れなくなっていく。寒さと餓えで船員たちは次々と帰らぬ人になっていく。「最初は、誰かが死んで葬られると、〔敬弔として〕銃を発砲していたが、その後、数多くの船員が死んでいくにつれ、残りの船員のあいだに恐怖と悲しみを引き起こさないよう、発砲は取り止められた」と生き残りの一人が回顧している。

四月二十八日にボックホルト船長が肺結核で亡くなった。船団がオランダから出発して以来、健康に過ごした日がほとんど皆無だったという。遺体は陸地に埋葬され、各船が大砲から弔砲を三発ずつ発した。ボックホルトの代わりに、トラウ号の新船長としてバルタザール・デ・コルデスが就任した。このコルデスは総司令官のシモン・デ・コルデスの甥に当たる。このとき彼は二十二歳だった。経験は浅いが自信に満ちていた。

船員たちを苦しませたのは寒さと空腹だけではなかった。陸地に住む原住民（テウェルチェ族）は敵対的な態度でオランダ人に接した。食糧を探しに陸に上がった船員たちは奇襲攻撃に遭い、死傷する事件もときどき起こった。八月になると、ようやく寒さが和らいだ。ヘローフ号の航海日誌によると、この湾で命を落とした船員は最終的に百二十人に上った。それ以前に死亡した船員も含めると、ロッテルダムから出発した約五百人の船員のうち、この時点で約三百人しか残っていなかった。

✝嵐

八月二十三日に船団は北東風に乗って動き出した。マゼラン海峡を抜けて、太平洋に出たのはその十日後の九月三日だった。青空が広がっていた。船団はチリの海岸に沿って、逆風に逆らいながら北の方へ進んだ。

九月七日の朝にトップマストに取り付けられている横帆が風をはらむようになった。嵐の予兆だった。海は荒れ始めた。リーフデ号は付属の漕ぎ船を曳いたままだった。漕ぎ船を船に上げるために、アダムスは船首を風下に入れた。トラウ号とヘローフ号、ヤヒト船ブレイデ・ボードスハップ号の舵手たちもアダムスに倣って、船首の向きを変えることで船を止めた。ホープ号だけはそのまま前進していた。マストの上で見張りをしていたホープ号の船員たちは霧雨のせいで僚船の動きに気づかなかったのだった。

直後に船団は濃い霧に包まれたため、ホープ号は視界から消えてしまった。残りの四隻は帆を畳んで、その場に浮き留まった。丸二日が過ぎた。九月九日の朝に追い風が出てきたので、アダムスは帆を広げるようにという合図を僚船に対して出させた。船団はホープ号に追い付こうと出帆した。

敏速なヤヒト船ブレイデ・ボードスハップ号が先頭に進み、そのすぐ後ろにリーフデ号が続いた。トラウ号とヘローフ号も後を追った。翌日の夕方に北西方向から強い逆風が吹いてきて、海はふたたび荒れるようになった。それを受けてヤヒト船は帆を畳んだ。それを見たアダムスもリーフデ号の帆を畳むように指示した。トラウ号とヘローフ号もそれに従った。しかし、しばらくすると、ヤヒト船はふたたび帆を広げて前進し始めた。それを見たアダムスも後を追った。

すでに暗くなっていた。トラウ号とヘローフ号の船長たちは僚船の動きについていけなかった。リーフデ号の船影を見失ってもいたので、その場に留まることにした。自船の前を進むヤヒト船を追いかけるのに精一杯だったアダムスは、この二隻の脱落に気づかなかった。

翌朝には嵐が止み、明るくなった。アダムスは海を見渡したが、ほかの船の姿はみあたらなかった。リーフデ号が共に行動していたこの三隻とはその後再会することはなかった。ウェールト率いるヘローフ号はやむを得ずマゼラン海峡に戻り、船の損傷が激しく、船員が不足していたため、そこからオランダに戻った。バルタザール・デ・コルデス率いるトラウ号は太平洋を横断し、最終的にモルッカ諸島に辿り着いたが、ポルトガル人によって船は破壊され、船員たちは殺害された。ヘリツゾーン率いるヤヒト船ブレイデ・ボードスハップ号はチリでスペイン人の手に落ちた。

追い風になったので、アダムスはとにかく前進することにした。一ヶ月が過ぎた頃、旗艦ホープ号が見えた。皆が喜びに満ちた。両船はふたたび一緒に旅を続けることになった。しかし、わずか十日後の夜に強風に見舞われ、リーフデ号の前帆が吹き飛ばされてしまった。その隙にホープ号と離れ離れとなった。

†南米マプチェ族の罠

風向きに船の航行を任せながら、リーフデ号はチリ海岸を目指した。十月二十九日にコルデスが待ち合わせ場所として事前に指定していた南緯四十六度の地点（現北パタゴニア）に辿り着いた。分解した状態で格納されていた小型帆船をこの場所で組み立てて、留まった。この地で出会った原住民は、五、六日のあいだ友好的に接してくれた。羊を連れてきてくれた原住民にオランダ人はその対価として鈴やナイフを与えた。彼らはそれで満足していたようにアダムスには映った。だが、そのすぐあとに原住民は船の停泊地から離れて、二度とその姿を見せることはなかった。

二十八日間待っても、ホープ号は現れなかった。ベウニンヘン船長はバルディビア（チリ南部）に向けて航行することを決定した。バルディビアはチリにおいて最も南方に位置するスペイン人の町だった。この町はバルディビア川の河口より十五キロ内陸に入ったところにあった。アダムスは指示に従って、バルディビアの河口まで船を操縦した。しかし、風が強いことから、ベウニンヘンは考えを変えて、モチャ島に針路を向けさせた。このモチャ島はかつてドレークが補給地として使った場所である。

モチャ島には十一月一日に到着したが、強風のため、この地でもあえて投錨しなかった。リーフデ号はさらにそこから北方

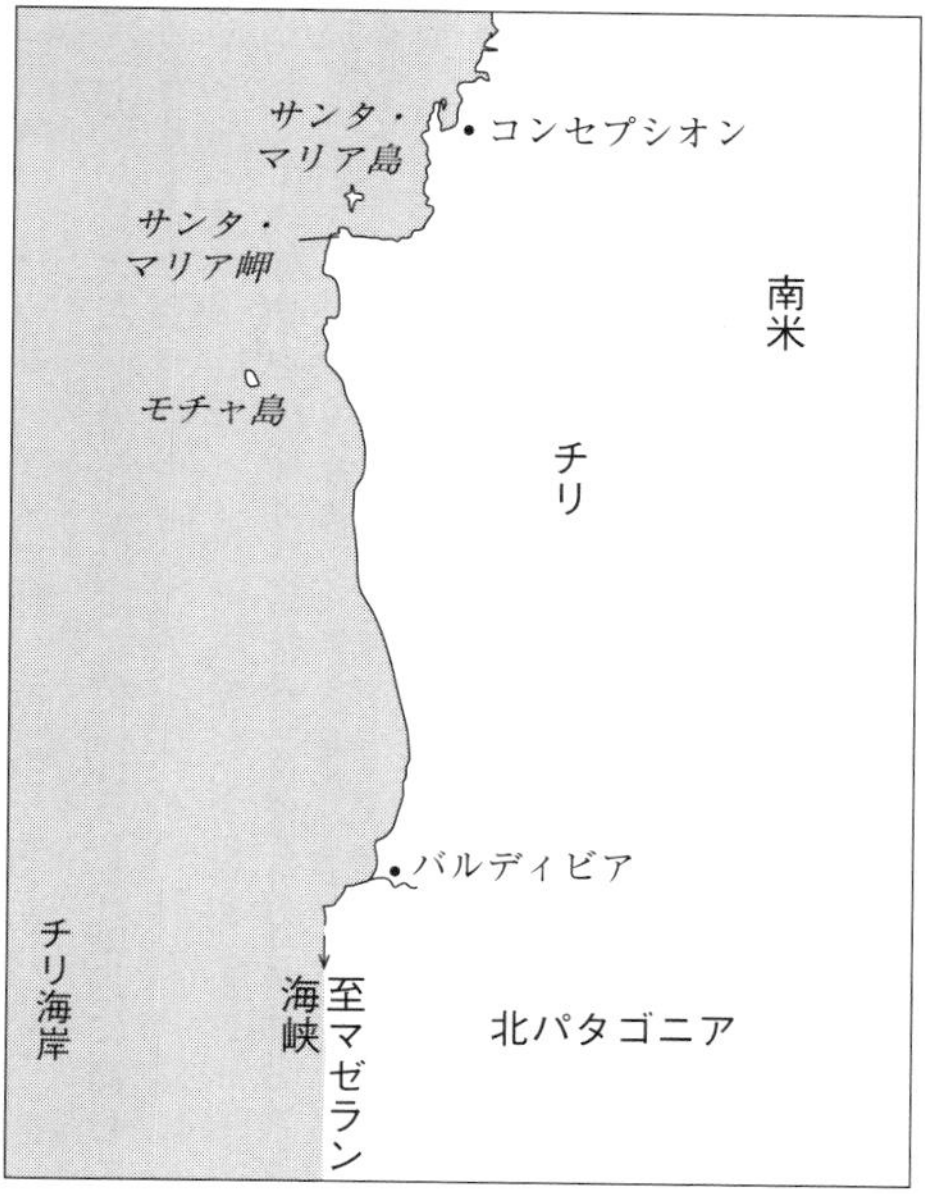

に向かい、サンタ・マリア岬（現プンタ・ラバピエ）に進んだ。岬の周辺に数多くの原住民の姿が見えた。海底が安定していて、停泊地に適していることも確認できたので、美しい砂浜のある湾で投錨した。

陸にいる原住民と交渉するために船員たちが漕ぎ船で陸に近づいた。ところが、陸側から漕ぎ船に向けて多数の矢が放たれ、上陸が阻止された。それでも、食糧が底をついていて、切羽詰まっていた船員たちは何としてでも食糧を入手しなければならなかったので、二十七人ないし三十人の船員が上陸を強行し、原住民を水辺から追い払った。しかし、そうしているあいだに、原住民の矢に当たって負傷する船員も多かった。

このように絶えず攻撃を受けていた船員たちは、敵ではないことを示すために身振り手振りで必死に合図を送ってみた。それを見た原住民は矢を放つのをやめて、合図を理解したかのように船員たちに対して合図を返した。意思疎通ができたと思った船員たちは、原住民に鉄、銀、毛織物を見せて、これらの商品と引き替えに食糧が欲しいことを身振り手振りで伝えてみた。それを受けて、原住民はワイン、ジャガイモ、果物をもってきて、船員に渡した上で、翌日にたくさんの食糧を持って来るから、ひとまず船に戻り、翌日に陸に戻って来るように身振り手振りで告げた。

すでに遅い時間になっていた。船員は船に戻ることにした。矢で負傷していた者が多数出たけれども、原住民との意思疎通ができたことは非常に喜ばしいことだった。そして、ようやく食糧が確保できるという期待が船員のあいだで高まった。

翌日にベウニンヘン船長はすべての士官と共に上陸する準備に取りかかった。しかし、期待の反面、不安もあった。原住民のことを良く知らない上に、すでに彼らの攻撃により複数の負傷者も出ていた。まして、数においては原住民の方がオランダ人を大幅に上回っていた。彼らを完全に信頼することもできない。そのため、ベウニンヘン船長は会議を開き、上陸の方法について協議した。その結果、漕ぎ船で水際までは進むが、二、三人以上の船員は上陸しないということが決定された。

このような方針をしっかりと周知した上で、ベウニンヘン船長は二十三人の船員を連れて、漕ぎ船でふたたび陸に向かった。このとき陸に向かった船員の中にアダムスの弟トーマスもいた。アダムス自身は船上に残った。前日の原住民の奇襲攻撃で不安材料もあった。とはいえ、船員たちは相変わらず餓えに苦しんでいた。それゆえに、何としてでも食糧を確保しなければならない。ベウニンヘン船長は、原住民から食糧を確保できると考え、運試しに上陸に踏み切った。陸に向かうベウニンヘン一行をアダムスは船上から見守っていた。

二、三人の原住民が友好的な仕草をしながら、漕ぎ船に近づいてくるのが見えた。彼らはワインや根菜のようなものを手に持っていた。羊や牛があるというような合図を示して、漕ぎ船から陸に上がるようにと船員たちに手招きしていた。とはいえ、彼らは漕ぎ船のすぐ近くまでは近づこうとしなかった。ベウニンヘン船長はこの状態を好ましく思わず、躊躇している様子だった。ところが、しばらくすると、船上で決定された方針に逆らって、ベウニンヘン一行は陸に上がった。

上陸要員総勢二十三人の船員はマスケット銃を手に持って、四ないし五軒の建物に向かって前進した。すると、その瞬間、堀に隠れていた千人以上もの原住民がベウニンヘン一行に対して一斉攻撃を仕掛けてきた。アダムスの目の前で、陸に上がった船員全員が殺害されたのだった。その中には弟のトーマスもいた。

上陸した船員を救出できる見込みがまったくなかったので、漕ぎ船で待機していた船員は、リーフデ号に引き返した。上陸者全員死亡という状況を把握すると、リーフデ号に残っていた全員が嘆きに沈んだ。

アダムスはこのような形で目の前で弟を失った。彼の心痛は計り知れないものだったに違いない。その上、船長と二十三人もの有能な船員が一度に失われたため、リーフデ号の渡航の継続にも陰りが見えてきた。「こんなに多くの船員を失ったので、錨を上げられるだけの数の人員はほとんど残っていなかった」とアダムスはこの時の落胆した気持ちを未知の友人宛ての手紙の中で伝えている。

たまらない憂鬱がアダムスの心にのしかかっていた。しかし、何かをしないと残っている船員も生き延びることができない。翌日にアダムスは仕方なくその場所から出帆して、サンタ・マリア岬の対岸に位置するサンタ・マリア島に向かった。サンタ・マリア島に到着すると、そこに旗艦ホープ号が停泊していた。旗艦の姿を見た時、アダムスの心はいくぶん慰められた。

ところが、ホープ号に乗り込んでみると、彼らもまたアダムスたちと同様に悲嘆に暮れている様子だった。というのも、ホープ号はモチャ島に到着した際に、コルデス総司令官が二十七人の船員を連れて上陸を試みたが、リーフデ号がサンタ・マリア岬で経験したのと同様に彼らも罠にはまり、上陸要員全員が殺害されてしまった。リーフデ号がモチャ島を通過したのは、ホープ号がすでにその島を離れた後だった。

†マプチェ族の反乱

このようにオランダ人はサンタ・マリア岬でもモチャ島でもつぎつぎと原住民の罠にはまり、数多くの船員を失うことになったのだが、そもそも原住民はなぜオランダ人を襲い、殺害したのか。これについては、原住民とスペイン人とのあいだの関係についてみる必要がある。

スペイン人はペルーを中心に広がっていたインカ帝国を十六世紀半ばに征服すると、チリでも植民地化を進めた。チリ北部の原住民からは大した抵抗を受けなかったスペインの「征服者」たちは、南部のマプチェ族からは強い抵抗に遭った。このマプチェ族はインカ帝国の拡大に歯止めをかけたくらいに戦闘的な部族だった。

初期においてスペイン人はマプチェ族領土の内部深くまでくい込み、複数の要塞を築いた。数多くのマプチェ族の人々が奴隷として重労働をさせられた。組織化されたスペイン軍に対抗してマプチェ族は勇敢に戦いながらも、いくつかの敗北を喫した。一五五〇年代よりマプチェ族は、ゲリラ戦に転じて、それ以降、戦況は膠着(こうちゃく)状態に陥った。

一五九八年十二月二十三日に、マプチェ族とスペイン軍とのあいだの戦いに大きな変化が生じた。ハーゲン船団がチリの海岸に辿り着く十ヶ月ほど前のことだった。その日、スペイン軍を待ち伏せていたマプチェ族はスペイン軍の総司令官マルティン・ガルシア・オニエズ・デ・ロヨラの首を捕った。この快挙はマプチェ族の大反乱に繋がった。マプチェ族の領土内にあった七つのスペインの要塞はすべて破壊された。その中にリーフデ号が近くまで航行したバルディビアの町も含まれている。この町はオランダ人が通過した一ヶ月後の十一月二十四日にマプチェ族に完全に破壊され、スペイン側の全住民が殺害された。

つまり、オランダ人がチリに上陸した時に、そこの原住民のマプチェ族はスペイン人と全面戦争中であった。彼らは罠にかけた船員をスペイン兵だと思い込んで殺害したのだった。のちにこの地域を訪れたロッテルダムのノールト船団がスペイン人から入手した情報によると、マプチェ族は罠にかけて殺害したリーフデ号の船員たちの首を槍に刺した形で、マプチェ族の領土に近いスペインの主要な要塞であったコンセプシオンという町の城壁の前に見せしめとして晒(さら)したという。

当時、原住民がスペイン人と容赦ない戦争を繰り広げていた状況を把握していなかったハーゲン船団の船員たちは、非常に不運だったといわざるを得ない。皮肉なことに、スペイン側史料によると、殺害されたオランダ人がスペイン人の敵であるとのちに知った時に、マプチェ族はその行為を非常に後悔して、感傷的になったという。

†駆け引き

ホープ号に乗り込んだアダムスは良き友ティモシー・ショッテンと再会できた。二人が力を合わせれば、なんとかなるとアダムスは希望を抱いた。まず、ほかの船員たちを交えて、新しい総司令官と副司令官を選出する必要があった。アダムスとショッテンの希望に反して、コルデスの息子、シモン・デ・コルデスが総司令官兼ホープ号船長として選ばれた。アダムスは妻宛の手紙で「ハッドコペー」と呼んでいるコルデスの息子について、「何も知らない若者」だったと否定的な意見を述べている。

船員一人一人の無事を気遣ってくれていた総司令官コルデスの息子ということもあって、船員のあいだで人望を集めたのかもしれない。また、片言のスペイン語もできたようである。ただ、歳はまだ二十歳を過ぎていなかった。ハーゲン船団が置かれていた絶体絶命の状況を乗り切るには経験不足だとアダムスが懸念したのも当然だ。

一方、アダムスが舵手を務めていたリーフデ号の船長ならびに副司令官として、ヤーコブ・クワッケルナックが選ばれた。この決定にはアダムスも頷(うなず)いたはずである。この時点で四十五歳だったクワッケルナックはリーフデ号の甲板長としての責務を全うしている人物だった。

新司令官たちはさっそくアダムスたちを召集して、食糧をどうするかについて協議した。上陸を強行するという選択肢はなかった。それには人数が足りなかった。前述のノールトの情報によると、この時点でホープ号とリーフデ号にはそれぞれ三十人の船員しか残っていなかったという。この数字はほかの史料でも裏付けられる。オランダから出発した時の人数と比べると、四分の一であった。また、わずかに残っている船員の大部分は病気だった。

ところで、リーフデ号がサンタ・マリア島に到着する少し前にスペイン人がホープ号を訪れていた。このホープ号への訪問時のことについてはスペイン側史料に詳しい。この頃スペイン人はマプチェ族の反乱に対抗すべく動き出していた。前述のコンセプシオンという町は対マプチェ族の軍事活動の本拠地として機能していた。このコンセプシオンはサンタ・マリア島からたった七十キロしか離れていないところに位置していた。ペルー駐在のスペイン軍の到着を待つあいだ、とりあえず、マプチェ族の攻撃を受けていたスペインの各要塞に向けてコンセプシオンから食糧や物資を船で輸送する対策が取られた。

この物資を輸送するスペインの小型船が悪天候のためサンタ・マリア島の北側の湾に避難していた。サンタ・マリア島ではスペイン人が原住民と共に平和に暮らしていた。サンタ・マリア島の北側の湾で待機していたところ、島の南側の湾に大きな船が近づいてくるのが見えた。ホープ号だった。この得体の知れない船が海賊船なのではないかと思ったスペインの船長ペドロ・デ・レカルデは、オランダ人に気づかれることなくすぐにコンセプシオンに渡り、ロヨラの後継者としてスペイン軍総司令官兼チリ総督となったフランシスコ・デ・クイニョーネスに報告した。

そのすぐ後にサンタ・マリア島駐屯のスペイン兵も同内容の報告を伝えてきた。この海賊船と思われる船のマストの頂上で船員が絶えず見張りをしている様子が島から見えたので、仲間の海賊船とサンタ・マリア島で待ち合わせをしているのだろうという情報もクイニョーネスに伝わった。

サンタ・マリア島には海賊の侵略を撃退するほどの兵力はなかった。また、クイニョーネス自身も海賊を退治できる軍艦と兵士を自分のところでは備えていなかった。そこで、海賊の上陸を防ぐために何か策を講じる必要があった。クイニョーネスは、ペルーから援軍が到着するまでの時間稼ぎと情報収集に努めることにした。ひとまず頭の切れるアントニオ・レシオ船長をサンタ・マリア島に派遣し、現地にいるスペイン人とスペインに協力的な原住民に武器を供給させた。

島の防備を固めた上で、レシオは小舟でホープ号に向かって航行した。小舟をホープ号の傍に横付けさせたレシオは、来航の目的について尋ねた。しばらくすると、コルデスの片言スペイン語とポルトガル語で書かれた手紙がホープ号からレシオに渡された。「我々はスペイン王フェリーペの臣民であり、スペイン人ではないが、忠実なオランダ人である。商人であり、大量の商品を舶載していて、それらを売却し、不足している何らかの食糧と交換したい」との内容だった。

手紙を読んだレシオはすぐに「この船の乗組員の属性は明らかに敵であり、海賊であり、イギリス人である」と悟った。なぜなら、前述の通り、オランダ人にはアメリカでの貿易が禁止されていたからである。まして、ヨーロッパにおいてオランダとスペインは熾烈な戦争を繰り広げていた。ちなみに、「イギリス人」とはスペイン人のあいだで「海賊」の代名詞として用いられていた。

しかし、この船に乗っている者たちが海賊だと確信した様子をレシオは表向きには見せないで、次のようにコルデスに伝えた。「自分はただの船長に過ぎず、この島を百人のスペイン人および三百人の原住民で警備しているだけである。貿易を行うことや上陸させる許可を出す権限がない。しかし、これからクイニョーネス総督に申請しに行き、その返答を迅速に持って来る」。

原住民を含めて四百人ほどの兵士が島にいるというのは明らかに誇張である。オランダ人の上陸を思い留まらせるための方便であった。クイニョーネスの許可が要るという口実もまた時間稼ぎの一環だった。

早速コンセプシオンに向けて出発しようとした矢先に、レシオはもう一隻の「敵船」が湾に入ってくるのを目のあたりにした。この到着はレシオを不安に陥れた。マプチェ族が反乱を引き起こした上に、二隻の重武装の海賊船の脅威にも対応しなければならないという事態になった。

しかし、実際にはハーゲン船団はもはやスペイン人にとっての脅威とはいえない状態だった。むしろ、スペインの艦隊が攻撃しに来れば、人数不足のために勝ち目がなかった。コルデスたちは、スペイン人の船長が総督の返答をもって戻ってきた時の対策について協議し、次の通りに決定した。人数不足を察知されないように、ほとんどの船員をホープ号に移し、スペイン人の船長をホープ号にて接待する。スペイン人の信頼を得て、食糧を獲得する。食糧が獲得できれば、速やかにこの場から離れるという計画だった。

一方、海賊船が二隻に増えたと知らされたクイニョーネス総督は、さらにサンタ・マリア島への上陸を恐れるようになった。ペルーからスペイン艦隊はまだ到着していない。海賊に上陸させないように、とりあえず、オランダ人の主張を信じる振りをして、要求通り食糧を与えることでその場を凌ごうとした。この命令を受けたレシオは直ちにサンタ・マリア島に戻った。

レシオはふたたび小舟でホープ号に向かい、乗船した。アダムスが脇から見守るなか、レシオはコルデスによって気前よくもてなされた。一日半ホープ号の上で過ごしたレシオは、船上の様子を注意深く観察した。ホープ号に四十七名ないし四十八名の船員を数えた。しかし、リーフデ号も見たいと申し出たところ、コルデスはさまざまな口実をつけて、この申し出を断念させた。だが、これはレシオの疑念を招いた。両船全体で乗船している船員の人数がごくわずかであることを隠すための偽装工作であるとレシオは見抜いた。また、船にある食糧についても二ヶ月分しか残っていないと推量した。これらの情報からオランダ人がかなり困窮状態であると判断した。

このような状態に置かれているオランダ人を甘い言葉でコンセプシオンに誘導すれば、二隻とも没収できるはずだという考えがレシオの頭をよぎったに違いない。一方、コルデスもこの茶番劇に熱心に参加した。レシオと別れる際に、コルデスはクイニョーネス総督宛に「私は自分の身と船を貴殿の王フェリーぺおよび貴殿に提供する」という内容の手紙を渡した。また、力を合わせてマプチェ族と戦うことも約束した。さらに、コンセプシオンに向けて今すぐにでも出帆したいが、そのためには水先案内人が必要だとごまかした。とぼけるコルデスに対して、レシオはコンセプシオンから一人を派遣すると回答し、ホープ号から離れた。

これでオランダ人はふたたびいくらかの時間稼ぎに成功した。レシオから少しばかりの食糧をもらったが、まだ不十分だった。ところが、翌日にサンタ・マリア島在住のスペイン人二人が突然ホープ号に乗り込んできた。船上を見渡してから、彼らはふたたび船から降りようとした。しかし、アダムスたちはそれを許さなかった。最初、彼らはそれに腹を立てたが、食糧にとても困っているとオランダ人が訴えると、商品と食糧を交換する契約に至った。これにより、アダムスたちは、羊や牛など十分な食糧を入手できた。

こうして、旅を続けるのに十分な食糧を蓄えることができ、またサンタ・マリア島での二十日間の停泊により、病気に罹っていた船員たちもすっかり快復した。これを受けて、コルデス、クワッケルナック、アダムスとショッテンは集合し、次にどうするのかについて協議した。アダムスとショッテンは一隻の船にすべての荷物を集めて、もう一方の船を焼き払うことを提案した。残っている人員が少ないので、操縦に支障をきたさないためには船員を一隻に集約した方が効率的だからである。しかし、コルデスとクワッケルナックはそのような大胆な提案に乗り気ではなかった。長い協議の末、船長たちの意見が通った。以後の航海は大型船二隻と北パタゴニアで組み立てていた小型帆船の三隻で継続することとなった。

次に航海の目的地について協議した。船団はもともと南米で略奪作戦を行った後、アジアに向かうという使命を帯びていた。船員不足や上陸時の想定外の大惨事により、計画していた略奪作戦は論外となってしまった。船には商品として毛織物が積み込まれていた。南アジアに位置するモルッカ諸島を初めとする地域は気候が温暖なので、そちらに向かっても、毛織物はあまり売れないだろうと予想された。ただし、日本では毛織物への需要があるとの話をブレイデ・ボードスハップ号の船長だったヘリツゾーンが以前に語っていた。ヘリツゾーンはポルトガル船の船員として長崎で越冬の経験があるので、この話は信憑性が高いように思われた。こうして、日本に向かうことが全員一致で決定された。十一月二十七日にオランダ船は錨を上げて、しばらく停泊したサンタ・マリア島から姿を消した。

そのあいだにレシオはクイニョーネス総督にオランダ船についての報告を行っていた。クイニョーネスは当然ながらコルデスの手紙の内容をまったく信じなかった。しかし、レシオの報告によると、オランダ人は深刻な人員不足と食糧不足に悩まされている。「このままで旅を続けると、必ず死滅する」とレシオは付け加えた。このような状態であれば、オランダ人にはコンセプシオンに赴くしか手立てがないとクイニョーネスは考えを巡らした。オランダ船二隻がコンセプシオンに赴いてくれれば、その二隻の軍艦と共にいくらかの人員、大砲、武器弾薬を手に入れられるかもしれない。それらはマプチェ族に対する戦いにおいて願ってもない救援物資になる。

このようなはかない希望を抱いたクイニョーネスは、早速、水先案内人を乗せた小型船をサンタ・マリア島へ派遣した。それと同時に、詳細な報告を伝えるために、レシオをペルーの副王のいるリマに派遣し、手紙も託した。手紙のなかには、「彼ら〔オランダ人〕が二日以内にこの港に入港すると信じている」と綴られていた。

ところが、水先案内人を乗せた小型船がサンタ・マリア島に到着した時には、オランダ船は跡形もなく消えていた。一方、ペルーの副王にはそれ以前にオランダの海賊船の到来に関する情報が本国スペインから伝えられていた。副王はすでにペルーの海岸の防備のために艦隊を用意していた。レシオの報告を受けて、すぐさま四隻の軍艦と七百人の兵士がコンセプシオンへ赴いた。しかし、予想に反して、コンセプシオンにはオランダ船の姿はなかった。その後、数ヶ月のあいだペルーとチリで巡航したが、ついにホープ号とリーフデ号を発見することはできなかった。

第三章

イエズス会士とアダムス

彼らイエズス会士の報告が当局の人々や一般民衆に我々のことを悪く思わせるように仕向けるあまり、ついに十字架に磔（はりつけ）にされるのではないかと常に心配を抱くようになった。磔はこの国において窃盗やいくつかのほかの犯罪に対する刑罰である。

（ウィリアム・アダムスから妻宛の手紙、一六一一年頃）

†太平洋横断

十一月二十七日にサンタ・マリア島から出発した三隻は、北西方向に進み日本を目指す太平洋横断を試みた。船団は順風に恵まれながら、赤道を通過した。この順風は数ヶ月間続いた。ある時いくつかの島が見えた。アダムスはこれらの島の位置を北緯十六度と測定している。確証はないが、これらの情報から北マリアナ諸島を指しているのではないかと

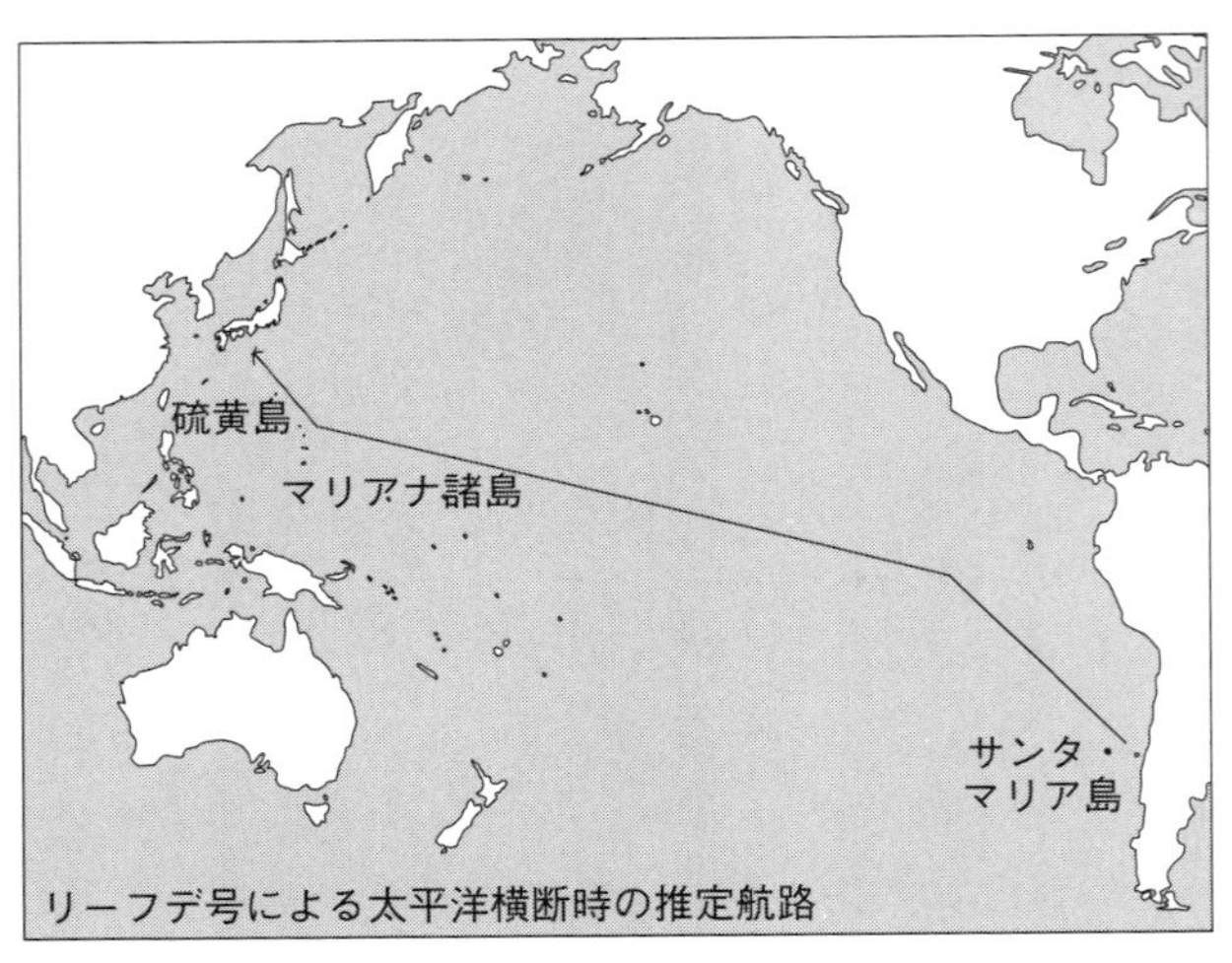

推測される。これらの島々には人食い人種が住んでいるとアダムスは記している。

島に接近すると、組み立て式小型帆船に乗っていた八人の船員たちが船団から離れて、陸の方へ向かって逃げてしまった。その後、彼らの運命がどうなったのかは分からない。人食い人種に食べられたのではないかとアダムスは想像した。

実際のところはどうだったのだろうか。太平洋を横断する数ヶ月間の渡航中に、食糧不足に備えるために毎日の食事配給量がふたたび制限されるようになったのではないかと推測される。緑豊かな島を目のあたりにした組み立て式小型船の乗組員たちは食欲を抑えきれず、島へ向かったのかもしれない。南太平洋では人食い人種が存在していたようだが、マリアナ諸島辺りはそのような痕跡がないので、島に上陸した八人の船員は原住民に受け入れられ、残りの人生をその島で過ごしたのではないだろうか。アダムスたちも陸に接近して、一人の原住民を船に連れて帰った。この原住民をホープ号に乗せて、航行を続けた。

八人の姿が消え去った後、二隻で航行を続けた。来る日も来る日も見渡す限り青空と広い海が周囲に広がっている。ついに北緯二十八度の位置に辿り着いたところ、風が変わりやすくなり、荒れた天気になった。一六〇〇年二月二十三日から二十四日にかけて、アダムスは経験したことのない暴風雨に遭遇した。この時、ホープ号が視界から消えてしまった。ついに一隻だけになったことで、アダムスは失望感に見舞われた。だが、日本で再会できるだろうと気を取り直して、日本に向けて航行を続けた。しかし、ホープ号、そして友人のショッテンの姿を二度と見ることはなかった。

三月二十四日に「ウナ・コロンナ」という島が見えたとアダムスは妻への手紙で回顧している。リーフデ号が辿った北西方向の経路から推察すると、これは硫黄島を指すのだろう。この時点で、リーフデ号はすでに四ヶ月ものあいだ、ほとんど陸を見ることなく、太平洋を航行していた。船員の多くはふたたび病気にかかっていた。死者もまた数人出た。船上は悲惨な状態に陥っていた。歩行できる、あるいは這うことのできる者は九人ないし十人しかいなかった。船長をはじめ、ほとんどの船員は動けないほど衰弱していて、いつ死んでもおかしくない状態だった。

一六〇〇年四月十一日に日本の海岸が見えた。この時、歩行可能な者は、アダムスを含めて、五人だけになっていた。翌日にリーフデ号は陸地のすぐ近くまで辿り着いた。リーフデ号が到着したのは、豊後（現大分県）臼杵領内にあった佐志生というところだったと推定される。佐志生は臼杵湾に面していて、臼杵から約十キロ北方に位置している。史料的根拠はないが、佐志生の海岸から三百メートル離れたところにある黒島という島の周辺に到着したのではないかとされている。また、到着地を佐伯湾とする説もある。

サンタ・マリア島を出発してから五ヶ月間近く続いた長い旅の末、アダムスたちはようやく日本に辿り着いた。しかし、喜ぶ力さえも残っていなかった。船の外を見回すと、数多くの小型帆船がリーフデ号に接近し、船を取り囲んだ。次にそれらの船から大勢の人々が乗り込んできた。アダムスたちはもはや抵抗することもできず、この光景をただ呆然と眺めるだけだった。乗り込んで来た日本人はアダムスたちに危害を加えることはなかったが、盗めるものはすべて盗んだ。何人かが話しかけてきたが、彼らの言っていることはアダムスにはまったく分からなかった。アダムスは強い無力感に襲われた。

翌日に兵士らしき者たちが船に乗り込み、警固するようになった。これにより、民衆による盗みはなくなった。その二、三日後にリーフデ号は曳き船によって近くの停泊地へ導かれた。この停泊地はおそらく臼杵城から見下ろすことのできる臼杵川の河口の近くであったと思われる。日本の君主に船の到来が知らされ、アダムスたちの処遇が決まるまで、そこで待機することになった。

待機しているあいだに、病気の船長と船員たちを陸に上げる許可が出た。さらに一軒の家が与えられ、アダムスも含めて全員がそこに逗留し、飲食物を享受した。衰弱した船員たちにとってはこの上なく有難い処遇だった。豊後に着いた時にリーフデ号に二十四人の船員が残っていた。そのうち三人は到着の翌日に死亡した。さらに三人は長いあいだ病気を患い、最終的に死亡した。残りの十八人は快復した。

†謎の軍艦が日本に与えた衝撃

時の臼杵城主は太田一吉であった。豊臣系武将で、石田三成と共に軍目付として朝鮮出兵に参加している。その時の功績が認められ、臼杵城主となった。古武士の風格のある猛将として知られる。

リーフデ号が領内の佐志生に到着してまもなく、一吉は黒船の漂着について報告を受けた。また、大勢の住民が船に乗り込んで、盗みを働いているということも耳にした。中世の日本では、船が遭難した場合、その船や荷物は漂着した海岸に住む住民の所有物として認められるという慣習法が存在していた。また、地元の領主も略奪の権利を主張する場合が少なくなかったようである。ただし、それは名目上、生存者がいない場合にのみ効力を発していた。それゆえに、難破船の生存者が殺害されることもたびたびあった。

これは日本独特のものではなく、ヨーロッパにも同様の慣習法が存在していた。ただ、日本では、ヨーロッパよりも早い時期に見直されている。その改革を行ったのは豊臣秀吉である。秀吉は、海域の平和を確立すべく、まず海賊行為を禁止する「海賊禁止令」を天正十六年（一五八八）に発布した。さらに、天正二十年（一五九二）に「海路諸法度」を制定し、船が難破した場合、生存者の有無にかかわらず、船も積荷も基本的に船主に返却しなければならないという規定を明記した。リーフデ号が日本に到着したのは、この「海路諸法度」が制定されてからたった八年しか経っていない時である。地域によって取り締まりにはまだ温度差があった。

一吉は「海路諸法度」に従って、すぐに兵士を佐志生に派遣し、盗人を取り締まり、船や積荷を保全した。そして、曳き船で臼杵の停泊地へ移動させることにした。しかし、そこでかなり戸惑ったはずである。漂着した船はこれまで見たことのない黒船である。乗組員は僅かな上に、皆ひどく衰弱している。また、言葉も通じない。船の中を見ると、とにかく目につくのは、数多くの大砲と大量の武器だった。商品も少し積んであったが、ポルトガル人がいつも日本にもたらすほどの量でもなければ、豪華な服装をまとい、召使いや贅沢な備品を持ち合わせている商人らしい人物もみあたらない。乗組員はどちらかというと、兵士の風体を帯びている。

また、船の装備にしても、商船というよりも、明らかに軍艦である。「これはいったい何なのか」と一吉は首を傾げたことだろう。早速、謎の軍艦の漂着について報告するために書状を認め（したた）、長崎奉行・寺沢広高に送付した。

肥前国唐津藩主だった広高は、キリシタン弾圧のために一五九二年に秀吉により長崎奉行に任命された。厳格な性格の持ち主であった広高は、長崎に到着すると、すぐに命令通りにキリスト教会を破壊し、イエズス会士を長崎から追放した。しかし、イエズス会士の追放によってポルトガル貿易を失うかもしれないとの懸念から、早い段階で態度を一変させ、イエズス会士に対してある程度の自由を与え、秀吉に対してもイエズス会士のことを弁明し、ポルトガル人との貿易の維持に努めた。朝鮮出兵の準備や平和交渉にも尽力し、豊臣政権における対外関係の取次役を担うようになった。

一五九八年の秀吉の死の後に、広高は家康に接近し、徳川の名の下で対外関係の取次役を継続した。それゆえに、黒船が漂着したという報告を一吉が広高に対して行うのは自然な流れであった。一吉の書状を受け取った広高はすぐさま検使を臼杵へ派遣し、船を調べさせた。検使たちは船の積荷の目録を作成し、広高に提出した。それによると、リーフデ号が臼杵に到着したときに、「粗製毛織物入りの大箱十一個、珊瑚ビーズのチェーン四百本入りの箱一個、同数の琥珀入りの箱一個、色付ガラス、いくつかの鏡と眼鏡、多数の子供用笛入り箱一個、レアル銀貨二千クルザード」という品物が積んであった。

この目録からは、リーフデ号が積んでいた主要な商品は毛織物だったことが分かる。毛織物は高価な商品だったので、大箱十一個分となると相当の金額に上ると思われる。珊瑚ビーズと香料・装飾具として使われる琥珀もそれなりの値段にはなる。そのほかの商品は珍奇さを売りにしたもので、金銭的には大した価値はなかった。船倉全体の容量からすると、積荷の占める量は極めて少なかったことが窺える。

現金として積んでいた二千クルザードを現代のお金に換算すると、約四千万円に相当する。これだけの大事業としては少額という印象が否めない。船倉の空いている場所は、南アメリカで略奪したものを積載するためだったのだろうか。もちろん、到着直後に盗まれた物の一部は戻って来なかったため、目録作成時に記載された積荷がその分目減りしてしまったのかもしれない。

船倉にある商品の少なさと対照的だったのは、積み込まれていた武器の数であった。目録によると、金属製の大型の大砲十九門のほかに、複数の小型大砲、鉄砲五百挺、鉄砲弾五千発分、鎖弾三百発分、火薬五十キンタル（約二千九百三十七キロ）、鎖帷子(くさりかたびら)入り箱三個、火矢三百五十五本もの武器が積んであった。明らかにほかの船を攻撃するためのものだった。さらに、大量の釘、鉄、斧、鋤、鍬のような工具があった。これらの工具は防備のために柵や堀を拵(こしら)えたり、砦を築くために用意されていたものであることに疑いの余地はない。検使たちの報告により一吉の書状の内容が裏付けられた。この謎の船の乗組員は、自らが証言しているような普通の商人ではない。そのように広高は結論を出し、とりあえず船とその積荷を差し押さえた。

†イエズス会士の策略

リーフデ号が日本に到着した慶長五年（一六〇〇）に、イエズス会士はすでに五十年ものあいだ日本で布教活動を行っていた。特に九州ではしっかりとした基盤を築いていた。天正十五年（一五八七）に秀吉がバテレン追放令を布告したにもかかわらず、イエズス会士のほとんどは日本から離れず、九州各地に潜伏した。そして、バテレン追放令が厳密に施行されないことが分かると、イエズス会士は徐々に潜伏先から出て、布教活動を再開した。

やがてイエズス会士は、秀吉によって直轄領にされた長崎でもふたたび布教活動を行うようになっていた。そのようなことが可能だった背景には、毎年長崎に寄港していたポルトガル商人の影響力が挙げられる。国内の衣服産業にとって、ポルトガル人がマカオから舶載してくる中国産生糸は欠かせないものだった。秀吉は何度か衝動的にキリシタン弾圧を強化させたが、ポルトガル貿易の維持を考慮して実際の弾圧行為は長続きしなかった。一五九〇年代の日本において、追放されたはずのイエズス会士が百人以上活躍していた。

秀吉の死後にも追放令は名目上継続されていたが、その執行の度合はさらに緩いものとなった。この時期、事実上の実権を握るようになっていた家康はキリシタン宗団に対して寛容な態度を示していた。長崎奉行の寺沢広高はそれを受けて、キリシタンとイエズス会士に対して長崎で自由に思うままに生活するようにと促した。これにより、イエズス会は公然と活動を再開し、長崎に限らず九州各地方で活気を取り戻した。

豊後では、キリシタン武将の大友宗麟の生存中に形成されたキリシタン宗団が存続していた。特に、宗麟が本拠地としていた臼杵城周辺にはキリシタンが多かった。宗麟の死後に、豊後は複数の領地に分割された。豊後全体で当時一万五千人ほどいたキリシタンは、それぞれ別の領地領主に属することになった。イエズス会士を庇護してくれる領主がいなかったので、イエズス会士はこの地域の活動にあまり力を入れていなかった。一人のイエズス会士が修道士と助手を数人連れて豊後の各領地を巡回し、地元のキリシタンを訪ね、宗教行事を行っていた。

豊後における布教活動中に臼杵湾に黒船が漂着したという情報を聞きつけた彼らは、メキシコとフィリピンとのあいだを航行するスペイン船だと思い、すぐに駆けつけることにした。あてがわれた家にアダムスたちが滞在するようになってから五、六日が過ぎた頃に、イエズス会士が臼杵に到着した。現地のキリシタンから聞いた話では、船にはいくらかの毛織物、深紅の生地、綿織物、鏡、ガラス、珊瑚などの珍しい品物が積載されていたが、大量の大砲や銃も積まれていたという。さっそくアダムスたちが滞在している家に赴いたイエズス会士は、船員と話してみて、啞然とした。なぜなら、この船員たちは「異端者」だと分かったからである。

イエズス会士はすぐその場から去って、城に向かった。そこで、アダムスたちは海賊であって、貿易のために日本を訪れたなどという話は滅相もないことだと強く主張した。臼杵城主の太田一吉は、このオランダ船は別の目的地へ向かっていたが、暴風雨に遭って日本に流されたのだと思っていた。イエズス会士の主張を聞いた一吉は、船に大量の武器が積んであったという情報が脳裏をよぎり、この謎の船の乗組員たちはやはり良からぬ者なのかもしれないという考えに傾いていった。

イエズス会士はさらに臼杵城下の人々に対してアダムスたちに対する誹謗中傷活動を始

めた。この漂着者たちは海賊であり、処刑すべきである。彼らは毎日のように臼杵の民衆に熱狂的に働きかけ、アダムスたちの悪口を言い触らした。こうして、日に日に地元の人々のあいだでアダムスたちへの反感が増していった。

アダムスは恐怖に襲われた。この時の心情について妻に宛てた手紙には次の通りに書かれている。「彼らイエズス会士の報告が当局の人々や一般民衆に我々のことを悪く思わせるように仕向けるあまり、ついに十字架に磔にされるのではないかと常に心配を抱くようになった。磔はこの国において窃盗やいくつかのほかの犯罪に対する刑罰である」。

†「この船は海賊船である」

この圧力にとうとう屈してしまった船員が二人いた。この二人はアダムスたちを裏切り、イエズス会士の味方をするようになった。そうすることで、彼らは自分の命を保証してもらおうとしたのだ。一人はヒルベルト・デ・コーニングというオランダのミデルブルグの人であった。もう一人はオランダのアウデワーテル出身のヤン・アーベルセンという人物だった。コーニングはこの二人の裏切り者の首謀者であり、リーフデ号のすべての商品が彼の管理下にあるとイエズス会士に対して主張した。だが、これは偽りであった。リーフデ号での商務担当者はメルヒヨル・ファン・サントフォールトとヤン・ヨーステン・ファン・ローデンスティンだったはずである。

裏切り者たちはリーフデ号の商品を自分のものにするためにあらゆる手を尽くした。また、イエズス会士にハーゲン船団の情報をすべて漏洩してしまった。イエズス会士による悪口、民衆からの反感、仲間の裏切り。アダムスたちの置かれた状況は日に日に悪化の一途を辿った。この絶望的な状況においてアダムスはなす術がまったくなかった。

臼杵で民衆を唆してアダムス一行を窮地に陥れようとしていたイエズス会士は、長崎の同胞に向けても異端者の到来についての情報を発信した。前述の通り、長崎はイエズス会士の本部が置かれた貿易都市で、一六〇〇年当時には三十人の聖職者が住んでいた。そのうちアレッサンドロ・ヴァリニャーノが巡察師としてイエズス会の日本における活動を管理監督していた。

ヴァリニャーノたちはオランダ船の日本漂着という事件を重くみた。ポルトガルの日本における貿易独占はイエズス会にもかなりの利益をもたらしていた。また、「異端者」が日本に来航するようになると、日本におけるカトリック教会の立場も厄介なことになる。家康も秀吉と同様に海賊には容赦しない。何としてでも、漂着したオランダ人とイギリス人が海賊として認定され、処刑されなければならない。そうすれば、立派な見せしめとなり、以降はオランダやイギリスからは船が来航しなくなるだろう。

ヴァリニャーノたちはさっそく長崎奉行の寺沢広高に書状を認め、その中で「この船はルター派の海賊のものであり、彼らはポルトガル人とすべてのキリスト教徒の敵である」と強く主張した。この書状が渡された少し後に、検使からの報告書と積荷目録が広高の手元に届いた。集まったすべての情報から、アダムスたちは海賊であるとの疑いが強まった。広高は得た情報を報告書にまとめて、家康に送付した。あとは漂着者たちの処遇について家康の判断を待つのみだった。

†天下殿・家康

リーフデ号が豊後に到着した時、家康は大坂城にいた。家康はこの時点で五十九歳だった。その二年前に秀吉が死去した。政務はしばらくのあいだ秀吉の遺言通りに家康を事実上の首座とする五大老によって執り行われた。しかし、五大老の中で家康に次いで影響力をもっていた前田利家が慶長四年（一五九九）閏三月に没すると、家康の権勢がさらに強まり、独裁的な政務を執るようになった。それにより、家康は世間で「天下殿」として認識されるようになった。それを象徴するかのように、それまで伏見を居所としていた家康は慶長四年九月二十七日に豊臣秀頼のいる大坂城に入城し、西の丸に天守閣を築造し、公儀の政務を行う場とした。

家康は大坂で強力な独裁政治を展開し、その命令は絶対であり、すべてを治めるようになった。それゆえに、家康に大きな反感を抱く武将も少なからずいて、暗殺計画などの陰謀も企てられていた。大坂城で家康はこれらの陰謀に対抗して、多くの兵を配置し、防備を固めていた。

大坂城のすぐ南にある玉造周辺に有力領主たちの屋敷が建ち並んでいた。秀吉は生前に、いざという時に人質にできるように、領主たちの妻子をそこに住まわせていた。この政策により、玉造周辺に有力な領主たちが屋敷を構えて、居住するようになった。この地に茶の湯を中心に一種の武士文化が花開いた。秀吉の死後にも、領国に戻らず、玉造に留まっている領主がほとんどであった。

反乱が起こりそうな気配のある中で、領主たちは領国から兵を呼び寄せて、大坂の屋敷やその周辺に待機させた。それは争乱がいざ勃発した時に対処できるようにするためだった。これによって、大坂中が武装した兵で溢れて、重たい空気に包まれた。

この時、家康にとっての懸念材料は五大老の一人である上杉景勝の行動であった。秀吉の死後に会津の領地に戻った景勝は、争乱が起きることを警戒し、急遽、軍事力の増強に取りかかった。この行動は家康の知るところとなった。会津に近い江戸に領地を有していた家康にとって、不穏な動きとして受け止められた。そこで、家康は軍備増強についての釈明のために上洛するようにとの旨を伝える使者を景勝に派遣することを決めた。

使者を派遣する少し前に、長崎奉行の寺沢広高より書状が届いた。豊後国臼杵に謎の黒船が漂着したことを伝える内容だった。オランダやらイギリスやら聞いたことのない国から来航したらしい。乗組員は僅かな人数で衰弱している。貿易のために日本に来航したと主張しているが、商人らしくない。商品もさほど多く積載しておらず、船は重武装され、武器が大量に積み込まれている。イエズス会士によると海賊だという。

突然このような情報を受け取った家康はどう思ったのだろうか。普通の海賊船が日本に漂着すれば、すぐにでも処刑を宣告するはずである。しかし、この船は明らかに普通の海賊船ではない。黒船ということであるから、スペイン・ポルトガルのほかにも、日本に来航できる「南蛮」の国があるようだ。

家康は平和的な外交に特別な関心を示していた。秀吉の死後に、家康は五大老の首座として、朝鮮出兵していた武将たちを日本に帰還させ、明国や朝鮮との国交正常化に努めた。さらに、東南アジアのほかの国々にも書簡を送って、外国貿易の促進に向けて日本の門戸を広く開こうと考えていた。長崎でのポルトガル人による日本貿易の独占を好ましく思っていなかった家康にとって、ポルトガルとスペイン以外にも日本に船を派遣できる国の存在は新鮮な情報として受け止められたに違いない。また、熱心な仏教徒であった家康にとって、イエズス会士の言っていることは信頼に価するものではなかったはずである。

ただ気になるのは謎の黒船の重武装である。長崎奉行に任せず自ら調査することに決めた家康は、さっそく家臣を豊後に遣わすと共に、黒船の主立った船員二人を大坂に連れて来るように命じた。

†家康による直々の尋問

家臣が臼杵に到着した時に、応対したのはアダムスだった。クワッケルナック船長が病気で応対できなかったためである。同行する船員としてアダムスはヤン・ヨーステンを選んだ。前述の通り、ヤン・ヨーステンはファン・サントフォールトと共にリーフデ号の商務を担当していたと思われる。ヨーステンはオランダ・デルフトのローデンステイン家という名門商人の家系出身であった。このような出身の人が並の船員の身分でハーゲン船団に参加したとは考えにくい。

ヨーステンの家系的な背景を踏まえると、アダムスが同行者として彼を選んだのはそれなりの理由があった。名家の出身である上に、オランダの事情や商業のことをよく把握していたからこそ、アダムスの同行者として適任だった。

アダムスとヨーステンは、クワッケルナックとほかの船員に別れを告げて、家康によって派遣された五隻の船で瀬戸内海を通って大坂に向かった。イエズス会士に汚名を着せられている状況で命が助かる見込みはあまりないとアダムスは考えていたのだろう。和船に乗り込む時に、アダムスは神にすがるような思いだった。「海上でかくも多くの危険から守ってくれた神の手に私のことを委ねた」と妻宛の手紙で綴っている。

アダムスとヨーステンは一六〇〇年五月十二日に大坂に到着し、すぐに大坂城に連れて行かれた。アダムスは大坂城の豪華さに圧倒された。家康の「宮殿」は、金箔が贅沢に用いられた非常に豪華な邸宅であったとアダムスは妻宛の手紙で回顧している。

家康の前に連れてこられたアダムスとヨーステンは尋問を受けた。この尋問については、妻宛の手紙にも未知の友人宛の手紙にも詳細に記述されている。その内容に基づいて、家康との問答を再現する。

家康は自分の面前に座ったアダムスとヨーステンをじっくりと見つめた。謎の船の船員は何者なのか。家康が鷲のような目で見極めようとした光景が目に浮かぶ。アダムスの予想に反して、家康は二人に対して非常に好意的な態度を取った。家康はアダムスに向けて色々な身振り手振りをした。アダムスに理解できるものもあれば、まったく理解できないものもあった。

その後ポルトガル語のできる者が出てきた。家康はその者を通じて、「どの国から来たのか、そして、こんなに遠い日本になぜ来たのか」とアダムスに尋ねた。アダムスは地図上で自分の国を家康に示し、「我が国は長いあいだアジアへ渡航する方法を模索していて、そして貿易を通じてアジアのすべての君主と友好関係を築くことを望んでいる」と説明した。この時、アダムスが家康に示した「自分の国」はおそらくイギリスだと推測される。アダムスの手紙では言及がないが、同席していたヨーステンも尋問を受けているので、ヨーステンは当然「オランダ」と答えたのだろう。二人を尋問することにより、家康は一気にオランダ・イギリス二ヶ国の情報を入手することが可能となった。

アダムスはまた通訳者を通じて、「日本にはない品物をイギリスからもたらし、イギリスにないものを日本で購入したい」と片言のポルトガル語で熱心に語った。対外貿易を推進しようとしていた家康にとっては望ましい説明だったのだろう。

†家康の洞察力

そこで家康は「あなたの国は戦争をしているのか」と質問をした。ごく一般的な質問に聞こえるかもしれない。だが、この質問には家康の鋭い勘と洞察力が表れている。漂着した謎の黒船について、ポルトガルと関係の深いイエズス会士たちから、これが海賊船だとの情報が家康に寄せられていた。このようなイエズス会士の積極的な介入は、逆に家康にポルトガル人に対する疑念を引き起こしたに違いない。

ポルトガルがオランダ・イギリスと戦争中であるがために、イエズス会士はオランダ人とイギリス人を海賊呼ばわりしているのかもしれない。そう家康は感づいていたようである。もしも、オランダ・イギリスがスペイン・ポルトガルと戦争中であるならば、船を重武装することには一理ある。謎の黒船に関して集まった僅かな情報から、家康は状況をそこまで洞察していたのではなかろうか。先の質問の裏にある思惑を読み解くならば、そのようなことが推察される。しかも、ポルトガルと戦争中なのかどうかを直接的に聞かずに、イギリスが戦争をしているのかどうかという間接的な質問を投げかけている。この点にもまた、アダムスたちが海賊であるかどうかを見極めるために必要な付加的情報を引き出そうとする家康の巧妙な話術が隠されている。

アダムスは頷いた。そして、「はい、スペイン人とポルトガル人と〔戦争している〕」。しかし、ほかのすべての国々とは平和に付き合っている」と付け加えた。おそらくヨーステンもまたオランダとスペイン・ポルトガルとの戦争について説明したはずである。家康にとっては納得のいく回答だったに違いない。

家康は次にアダムスの信仰について尋ねた。「天と地を造った神を信じている」とアダムスは答えた。それまでイエズス会士が示していた熱狂的な布教とは趣を異にする、素朴な信仰心からの発言と思われる。家康はさらに宗教についてさまざまな質問をアダムスたちに投げかける。この南蛮人はポルトガル人とどう違うのか。それを見極めようとしたのかもしれない。話はやがて宗教から離れて、リーフデ号の航海の話題に移った。

アダムスは家康に世界地図を見せて、ハーゲン船団がマゼラン海峡を通り抜けた航路を指し示した。それに驚いた家康は、アダムスが嘘をついているに違いないと思っている様子だった。家康は話題を変え、舶載（はくさい）してきた商品について問い詰めた。アダムスとヨーステンの回答を得た家康は、その場から離れようとした。そこでアダムスは家康を引き留めて、「ポルトガル人とスペイン人と同様に我々にも貿易の許可を与えてほしい」と必死に訴えた。家康は振り返って、何らかの返事をしたが、アダムスにはその言葉の意味が分からなかった。

この時点ですでに真夜中になっていた。政務に多忙だった家康が船乗りの尋問にこれだけの時間を費やしたことは、この謎のイギリス人とオランダ人が家康にとってどれだけ興味深い存在だったのかを窺わせる。

✝入牢

家康による尋問が終わると、アダムスとヨーステンは牢屋に入れられた。つまり、この尋問によってアダムスたちが海賊であるという疑いが晴れたわけではなかった。疑い深い家康にとって一回だけの尋問では不十分だったのかもしれない。念には念を入れて、慎重に行動するのが家康の政治手腕の特徴である。

なお、アダムスとヨーステンはポルトガル語での受け答えがあまり流暢ではなかったと思われる。また、家康とアダムスたちとのあいだの通訳を行った「ポルトガル語のできる者」が、アダムスたちの回答をどれだけ正確に伝えることができたのか。アダムスがどんなに熱心に訴えたとしても、言葉の壁のために伝えたいことの半分程度しか伝わらなければ、聞き入れてもらうのは難しい。

アダムスたちが入れられた牢屋については特定しがたい。イエズス会士ヴァレンティン・カルヴァリョの記述によると、アダムスたちはかの悪名高い京都の牢屋敷に入獄されたという。しかし、この記述の信憑性は低い。なぜなら、カルヴァリョはその場に居合わせていない上、アダムス自身が手紙の中で京都の牢屋敷について何の言及もしていないからである。

その上、京都の牢屋敷は尋問が行われた大坂城から物理的に遠すぎる。アダムスは二日後に大坂城で家康から二回目の尋問を受けている。もし、アダムスたちが京都の牢屋敷に入ったならば、大坂と京都のあいだの往復でほとんどの時間が費やされ、牢屋に入っている時間的余裕がないはずだ。これらの時間や距離の問題を考慮すると、アダムスたちが京都の牢屋敷に入れられたという記述は、アダムスたちを貶めることに熱心なイエズス会士の願望的思考の産物にすぎないと言わざるを得ない。

ただ、当時の大坂にあった松屋町牢屋敷がアダムスたちの入牢先であったとするのも疑わしい。当時の牢屋敷は、囚人を狭い空間に押し込め、人権という概念がまったく存在しない場所であった。ところが、アダムスは、「牢屋で大変よい待遇を受けていた」と未知の友人宛の手紙で記している。あくまでも推測に過ぎないが、二人は大坂城西の丸あるいは大坂城の外にあった屋敷の一室に閉じ込められていたのではないかと考えられる。

†スペイン・ポルトガルへの深まる疑念

前述の通り、二日後に二人は呼び出され、家康にふたたび面会することになった。なぜそんなに遠いところからやって来たのかと家康は直ちにアダムスたちに問い質した。アダムスは次の通りに回答した。「我々は世界のすべての国々と友好関係を求め、すべての国々と貿易および商業を行おうとしている。我が国の持っている商品を船載して、交易を行う」。このアダムスの回答は、貿易拡大を夢見ていた家康にとってかなり満足のいくものだったに違いない。

家康は続いてオランダ・イギリスとスペイン・ポルトガルとの間の戦争について次々と質問を投げかけ、その戦争の原因についても執拗に問い質した。第一回目の尋問の時と違って、今回はさらに踏み込んだ質問内容となっているので、家康の頭の中ではすでにこの四ヶ国間の戦争は事実として確立している。戦争の詳細について家康が尋ねている意図は、もはやアダムスたちが海賊であるかどうかの吟味というよりも、日本の防衛を案ずるがゆえの情報収集にあったと推測される。

ポルトガル船とスペイン船はすでに長いあいだ日本に寄港していた。イエズス会士は布教活動によって一部の日本人に対して強い影響力を有するようになった。そもそも、天正十五年（一五八七）にバテレン追放令が布告されたのは、九州の武将たちへのイエズス会士の影響力が強くなりすぎていることに秀吉が気づいたことがその要因の一つであった。

また、文禄五年（一五九六）に起こったサン・フェリペ号事件もまだ記憶に新しかったはずである。マニラからメキシコに向けて航行していたスペイン船が土佐の浦戸に漂着した。高価な積荷は秀吉によって没収された。スペイン船の舵手フランシスコ・デ・オランディアは、秀吉の側近の一人であった増田長盛に対してスペイン帝国の各植民地を世界地図の上で示し、無神経にもスペイン国王の権力を誇示すると共に、これだけ広大な帝国を築くことができたのは、宣教師を送り込み、布教活動を通じて侵略を準備したからだというような主張をしたという。この話を聞いた秀吉はすぐにスペイン系のフランシスコ派宣教師の弾圧に踏み切り、日本二十六聖人殉教に繋がった。

この話は日本で広く知られていた。宣教師たちの布教活動とスペイン・ポルトガルの帝国主義が表裏一体となって機能していたことは家康も十分に認識していたはずである。それゆえに、スペインとイギリスとのあいだの戦争についてアダムスに念入りに問い質したのだろう。家康の質問を受けて、スペイン軍の侵略を準備するためにイギリスに侵入したイエズス会士の策略や、スペイン無敵艦隊に対する海戦でのイギリス艦隊の活躍について熱心に語ったであろうアダムスの姿が思い浮かぶ。アダムスの証言、そしてヨーステンにより語られたスペインとオランダとのあいだの戦争に関する証言が家康のスペイン・ポルトガルに対する疑念をさらに強めたことは想像に難くない。「これらの事情を聞いた時に、彼〔家康〕は非常に喜んでいたようにみえた」とアダムスは回顧している。

†イエズス会士の落胆

その後、話題はオランダやイギリスの特色や状況に移り、さらに、あらゆる種類の動物や家畜、天体などにも及んだ。アダムスはマゼラン海峡で見たペンギンについても話したのだろうか。いずれにせよ、家康はアダムスのすべての返答に非常に満足しているようだった。しかし、驚いたことに、アダムスとヨーステンはふたたび牢屋に入るように命ぜられた。とはいえ、この時、彼らはより快適な場所に移された。どのような場所であったかについてアダムスは詳述していないが、「宿泊場所」と書いているのでこの時点で、監禁ではなく、軟禁状態に変わったのではないだろうか。

ところが、数日経っても、呼び出しがない。情報も一切入らない。船はどうなったのか、船長はどうしているのか。快復したのだろうか。ほかの仲間はどうしているのか。アダムスは知る由がなかった。ただ、ひたすら次の呼び出しを待つほかなかったのだが、一ヶ月以上経ってもなお呼び出しがない。

時間が経つに連れて、アダムスの不安が増大する。「そのあいだ私は毎日のように磔にされて死ぬと思っていた。これは日本における刑罰の方法であり、我が国の絞首刑に当たる」とアダムスは未知の友人宛の手紙で振り返っている。

アダムスが後になって知ったことであるが、彼が牢屋に入っているあいだに、イエズス会士はあらゆる方法でアダムスたちが海賊であることを家康に対して証明しようとした。もしも、リーフデ号の乗組員を生かしておけば、家康や日本の不利益になる。なぜなら、次々とオランダ・イギリスの海賊が日本に向かってくることになるからである。一方、アダムスたちを処刑すれば、オランダ・イギリスの海賊は恐れて、日本に来航しなくなるだろう。イエズス会士はそのように毎日家康に訴え、リーフデ号の乗組員を処刑するように家康の周辺にいるあらゆる高官にも働きかけた。

疑い深い家康に対してこのような働きかけを行うと、イエズス会士に対する不信感を募らせる結果を招き、逆効果になるだけだ。家康は最初のうちはイエズス会士の介入に単に反応しないだけだったが、ついに「今のところ、彼らは、私あるいは日本の誰にも危害や損害を与えていないので、彼らを処刑するのは道理や正義に反する」と回答した。そして、さらに「双方が互いに戦争をしているのであれば、そのことは彼らを死刑に処する理由にはならない」と付け加えた。この回答を受けたイエズス会士たちはかなり落胆したという。

†イギリス船は海賊船の代名詞

アダムス入牢中の家康の動向はどのようなものだったのか。二回目の尋問の数日後の慶長五年(一六〇〇)四月十七日に、家康は大坂城を発って、伏見城に入った。翌日に朝廷主催の山城豊国神社参詣に赴いている。二十一日に京都の相国寺を訪問した後、二十二日に大坂城に戻った。そこで、上洛命令に対する上杉景勝の返答を待ちながら、会津討伐の準備を始めた。

景勝から上洛を拒絶する旨の返書が五月三日に届いた。返書を見た家康は激怒し、諸大名に会津討伐の命令を発した。そして、自らが討伐軍の総大将として出陣する準備に取りかかった。それからしばらくのあいだ討伐の準備の傍ら政務もこなしていたので、アダムスたちに構っている時間はなかったのであろう。

とはいえ、アダムスの入牢中に、家康は豊後に停泊していたリーフデ号を豊後から堺に移動させるように取り計らった。「当代記」によると、「イギリスという島の船」が堺に到着した時に、家康が視察に赴き、数多くの大砲や武器、そして毛織物などの積荷を検分し、それらの積荷を売却させたという。

興味深いのは、「当代記」の著者がリーフデ号をイギリス船と勘違いしている点である。チリでもそうであったように、当時スペイン人やポルトガル人は海賊船をすべて「イギリス船」と呼んでいたようである。これには海賊ドレークの影響が大きかった。イエズス会士がリーフデ号の悪口を各所で言い触らしていたので、「イギリス船」という呼び方は日本の関係者の間で浸透していったと推測される。

†涙の再会

アダムスが入牢してからすでに四十一日が過ぎた。絶望が頂点に達したところで、ようやく三度目の呼び出しがあった。アダムスとヨーステンはふたたび家康の面前に連れて行かれた。以前と同様に家康は数多くの質問をし、アダムスたちはそれらに一生懸命に答えた。長い時間が経過し、面会が終わりに近づく頃に、「あの船に乗って同胞に会いたいか」と家康は尋ねた。「ぜひとも喜んで」とアダムスが答えると、「では、そうしてくれ」と家康は言った。この瞬間、アダムスは何とも言えない安堵感を味わったことだろう。

アダムスたちはすぐに大坂城から出発した。もう牢屋に戻る必要はなかった。リーフデ号とその乗組員たちが大坂の近くまで来ていることをアダムスはこの時初めて知った。アダムスは喜びにあふれて小舟に乗り、リーフデ号に向かった。乗船すると、病気からすっかり快復したクワッケルナック船長とほかの船員たちがいた。再会すると、互いに涙が止まらなかった。というのも、アダムスとヨーステンがずいぶん前に処刑されたと彼らは聞かされていたからである。

船の中を見ると、船員のすべての持ち物が持ち去られていることが判明した。アダムスの持ち物は、大坂に赴く時に着ていた服と携帯していた世界地図以外は何も残らなかった。航海用道具や本はすべてなくなっていた。アダムスだけではなかった。船長も船員たちも全員自分の所持品を失っていた。

この略奪はすべて家康の知らないところで行われていた。しばらくして、そのことを知った家康は、盗難品の返還を命じた。ところが、盗まれてしまった物の行方をつきとめることはできなかった。そこで家康は盗難品の代償として現金で五万レアル銀貨を支給した。

レアル銀貨は当時世界各地で普及していたスペインの銀通貨で、現在のドルのような役割を果たしていた。アダムスはレアル銀貨と書いているが、家康が実際に与えたのはおそらく日本の銀貨であった。それをアダムスは手紙の受取人であるイギリス人に分かりやすく説明するためにレアル銀貨に置き換えたと推測される。

当時の史料をみると、一レアル銀貨は八匁（もんめ）の価値に換算されていた。一匁を現代の金銭価値に換算すると、約二千円になるので、五万レアル銀貨は八億円に相当する。これは、十八人に分配するにしても、かなり大きな金額である。売却されたリーフデ号の積荷の対価として算出された額だったのだろうか。積荷の対価が八億円に及ぶことは十分考えられる。いずれにせよ、大金だったようである。

その現金は家康の目の前でリーフデ号の監督官として任命された者に手渡された。その監督官は現金を保管し、食糧の購入やそのほかの必要な経費として使う際にリーフデ号の乗組員にその都度配分するということになった。

リーフデ号はしばらく堺の浦に停泊していた。長期間にわたる旅や度重なる嵐を経て、海を横断できるような状態では到底なかったはずだ。ただでさえ、木造の船には補修が常に不可欠である。必要な補修をする手立てもなく、アダムスたちは堺の町を眺めながらただ待つしかなかった。一ヶ月弱が過ぎて、関東に移動するようにとの家康の命令が伝えられた。家康が会津討伐のために江戸に向かう直前であった。

家康は慶長五年（一六〇〇）六月十六日に軍を率いて大坂を発し、東方へ進軍した。それとほぼ同時にリーフデ号も堺浦を出帆した。この時、日本の水夫たちがリーフデ号に乗り込み、アダムスたちと共に船の操縦を行ったと思われる。損傷が激しく、もろくなっていたリーフデ号の船体にはかなりこたえる渡航だった。逆風のため、渡航には非常に長い時間を要した。ようやく浦賀に到着した時には、家康はすでに江戸城に入城していた。

リーフデ号が堺から出帆したことについて、前述の「当代記」に興味深い記述がある。それによると、積荷を売却させた後に、家康はリーフデ号を「異議なく帰国させた」という。実際は浦賀への移動だけだったのだが、一般には、この船が許可を得て帰国したと思われていたらしい。

また、帰国させたとした上で、「当代記」には「その船は唐船の敵であるため、誅伐すべきだったのに、と人は皆そう言っている」との記述が付け加えられている（以上、筆者による現代語訳）。

この記述の中では、リーフデ号が「唐船の敵」、つまり外国の商船を拿捕しようとする海賊船であるという認識が示されている。前述の通り、イエズス会士はリーフデ号が海賊船であるとの誹謗中傷活動を展開していた。この活動がいかに功を奏したのかが窺える。「当代記」の内容から推察すると、このようにイエズス会士の讒言に惑わされた日本人のあいだでは、リーフデ号の乗組員たちを死刑に処すべきであるとの総意が形成されていたもようである。ところが、総意に反しても、家康はそのような圧力に屈しなかった。彼はイエズス会士の巧妙な策略を見抜き、全体像を把握する洞察力に長けていた。

†出港の許可を求めて

浦賀に到着したアダムスたちはまったく身動きが取れなかった。家康はすでに慶長五年(一六〇〇)七月二十一日に軍を率いて江戸城から出陣し、会津に向かっていた。ところが、三日後の二十四日に下野小山に到着した時に、伏見城から派遣された急便が石田三成の謀反を伝えに来た。

家康はすぐに全軍の武将たちを召集して、各武将にその意向を尋ねた。その結果、従軍していたすべての武将が一致団結して家康に忠誠を尽くすことを誓約した(いわゆる小山評定)。小山評定後に、東軍の武将たちがただちに西方に向けて進軍したのに対して、家康自身はいったん主城の江戸城に戻った。背後にあった上杉軍に対する防備を固めた上で、家康は九月一日に三万人の兵を連れて江戸城から出陣し、十一日に清洲で東軍の先陣部隊と合流した。

一方、石田三成率いる西軍は東海道に沿って東方に向けて進軍し、関ヶ原で東西両軍が睨み合う形となった。九月十五日に決戦が行われ、家康が勝利を収めた。東軍はその後、そのまま西に進み、西軍に加担していた武将の諸城を攻め落とす。九月二十七日に家康は大坂城に入った。翌慶長六年（一六〇一）一月に大坂城本丸にて秀頼主催の盛大な饗応（きょうおう）が行われ、和睦の盃が交わされた。この後も、家康は江戸に戻らずに、各地の戦闘や戦後処理を管理するためにふたたび大坂城西の丸を本拠地とした。

このあいだアダムスたちは浦賀で置き去りにされてしまった。そもそも、なぜリーフデ号を浦賀に移動させたのだろうか。それについては、リーフデ号を自らの管理下に置くと共に、同船に積まれていた武器を会津討伐に使うために江戸に移すことを目的としていたのではないかと推測される。同船が浦賀に到着し、武器が下ろされると、家康にとってはそれ以上の用はなくなった。

アダムスたちは、牢屋からは解放されたが、日本を出る許可は下りなかった。浦賀に停泊していたリーフデ号は一種の水上の牢屋だった。そこでアダムスはあらゆる方法を用いて、出港の許可を得ようと試みた。

具体的にどのような方法を取ったのかについてアダムスは詳述していないが、地元の高官との交渉だけでなく、何度も大坂へ足を運び、そこでも請願を繰り返したと思われる。また、リーフデ号の乗組員のために口添えしてくれるように多数の高官に贈物を献上していたのだろう。高官たちを説得するためには日本語能力が必要不可欠であるので、この時期にアダムスは日本語を習得したのではないだろうか。

オランダ人はアジアに向けて次々と船団を派遣しているはずなので、オランダ人が貿易を行っている場所に渡航させてくれるようにと、アダムスは高官たちに熱心に願い出た。そして、オランダ船の日本への来航によってもたらされる貿易の利益についても説いたに違いない。

しかしながら、出港の許可は一向に出ない。日本から出られる希望が薄まっていくなかで、支給された現金も徐々に減っていく。乗組員がこれだけ少なくなってしまった今、リーフデ号にこだわり続ける意味があるのだろうか。船自体もどんどん老朽化していって、もはや使い物にならない。その上、せっかくもらった現金が底をついたらどうするのか。乗組員のあいだで次第に不安が芽生えていった。

ついに四、五人の船員がクワッケルナック船長とアダムスに反抗するようになった。船上はどんどん重苦しい雰囲気に包まれていく。反抗的な船員は、ほかの船員も巻き込んで、皆で反乱を起こした。船長とアダムスはこの対応に大変苦慮した。船員たちはもうこれ以上船に留まりたくないと主張し、それぞれが自分の道を歩めるように、家康から支給された現金を平等に分配することを要求し出した。

この騒動はしばらく続いた。しかし、二年が経過した頃、船の返還はなく、日本から出る許可も与えないという明確な決定が家康より伝えられた。この決定でクワッケルナックとアダムスの企図が完全につぶされた。結局、残金は各人にその職務階級に応じて分配された。各人はその分配金をもって、それぞれ自分が最良と思うところに去っていった。

また、最終的に、家康は乗組員一人一人に一日につき二ポンドの米を配給することにした。当時の武士の扶持米支給量から勘案して、武士一人に一日分として支給されていた米五合に相当する量だと思われる。米の配給のほかに年に十一ないし十二ドゥカートの現金も支給されることになった。一ドゥカートは一レアル銀貨とほぼ同価値で、八匁に相当するので、現代の金銭価値に換算すると、十七万六千円ないし十九万二千円になる。江戸で暮らすための最低限の生活費である。

このように、二年間の悲惨な旅と二年間の浦賀での無為な船上生活の末、リーフデ号の乗組員の生き残りは離散してしまった。彼らは主に江戸や浦賀に定住し、日本人と結婚した。そのうち、生活をより豊かにするために商業を営み始める者もいた。

†造船への挑戦

アダムスも江戸に居を構えるようになった。その後もたびたび家康に呼び出されていたとアダムスは未知の友人宛の手紙で記している。一六〇一年に伏見城に移った家康は、一六〇一年十月以降たびたび江戸城に入り、各回数ヶ月間滞在している。アダムスが面会に呼び出されたのはそのような折だったのだろう。家康はさまざまな話題についてアダムスと話をすることを好んでいたようである。

ある時、家康はアダムスを呼び出して、一隻の小型船を造るように頼んだ。アダムスが船大工ディギンズ親方のところで経験した徒弟奉公についての話を受けてのことだろう。しかし、舵手の腕に誇りをもっていたアダムスは「私は大工ではなく、あまり知識がない」と謙遜して答えた。すると、家康は強く要請すると共に、「やってみればいい。うまくできなくても構わない」とアダムスに励ましの言葉を投げかけた。

家康の要請を引き受けたアダムスは、リーフデ号の元乗組員たちを集めて、大勢の日本人の大工の助けを得て、造船に取りかかった。『慶長見聞集』によると、造船は伊豆国の伊東で行われた。浜辺に川が流れ込むところが造船に適した地形である。河口に近い浜の上に丸太を敷いて、その上で船を建造し、船が半ばできあがったところで、砂を掘り出し、下敷になっている丸太を少しずつ下げる。そうすれば、船が堀の中に入る形になる。船が完成したら、川尻を堰き止めて、川の水を堀へ流し込み、船を水中に浮かせて、水の力で船を海中に押し出す。

以上のような工程でアダムスたちは西洋式帆船を造ったという。当時の日本の史料に記録されるほどの大事業だった。できあがったのは八十トンの船だった。およそ三百トンのリーフデ号と比べると、かなり小型だ。ハーゲン船団に同行していたヤヒト船ブレイデ・ボードスハップ号が百五十トンだったので、その半分ぐらいの大きさであった。ブレイデ・ボードスハップ号には五十六人の船員が乗っていたので、アダムスが造った船は約三十人用のものだったと思われる。

船の大きさの如何にかかわらず、そもそも家康がアダムスに造船を命じた狙いは、日本の船大工への技術伝授だったと推測される。リーフデ号の元乗組員と日本人が力を合わせて西洋式帆船を完成させたこと自体に意義があり、その意味ではこの計画は大成功を収めた。この船でアダムスは一、二度の短距離航海に成功している。最終的に浅草川（隅田川）の入り江に停泊するようになった。

完成を伝えられた家康はわざわざ船を見物しに来た。乗船した家康は、船上を視察すると、大変満足している様子だった。この快挙により、アダムスは家康に大いに尊重されるようになった。この時から、アダムスは常に家康の側にいるようにと命ぜられる。また、時折贈物を授かったりもした。ついに、毎日の扶持米支給のほかに毎年支給される現金の額も七十ドゥカート（約百十二万円）に増額された。

このように家康の寵遇を受けるようになったアダムスは、家康の家庭教師のような存在となり、幾何学、数学やそのほかの学問の初歩を教えた。学問に少なからぬ関心を示していた家康は大変喜び、アダムスとの距離がどんどん縮んでいった。アダムスを師として尊重するあまり、家康はすべてのことをアダムスから言われた通りに受け取るようになったという。こうして家康とアダムスのあいだに揺るぎない信頼関係が築かれた。

この時期に日本人の妻と知り合ったと思われる。アダムスの日本の妻の出自についてはほとんど情報がない。当時の史料から彼女の出自に関する確実な情報として抽出できるのは、ある程度高貴の出であり、家族と共にカトリックだったことぐらいである。当時のイギリス人の記録からは、面倒見の良い、非常に強い意志をもった女性という印象が浮かぶ。頑固だが温和な性格のアダムスにはお似合いの相手だったに違いない。彼女とアダムスとのあいだに二人の子供が生まれた。ジョゼフという男の子とスザンナという女の子である。

リーフデ号の乗組員の存在は、当時日本で活動していた宣教師たちによって注視されていた。アダムスたちがまだ浦賀にいた時に、関東で布教活動を行っていたジュアン・デ・マドリードというフランシスコ会の修道士は、「異端者」であるアダムスとその仲間を改宗させることができると考え、浦賀へ赴き、アダムスたちに接触した。しばらく世間話をしたのちに、話題は宗教に移る。

この修道士はカトリック教の正しさを証明するために奇跡についての話題を持ち出した。しかし、アダムスたちを説得できる兆候がまったくみられなかったので、修道士の説教はどんどん白熱していった。ついに、奇跡を見せようと修道士が言い出した。

もしも、望むならば、大きな木を一つの山の頂上から別の山の頂上の方へと水を越えて動かしてみせる。あるいは山全体を動かす。あるいは、かつてジョシュアの時代にあったように、太陽を天空の中で静止させてみせる。あるいは、聖ペトロがやったように水の上を歩いてみせる。どの奇跡を起こしてほしいのかと修道士はアダムスに迫った。

ところが、「そのうちのいずれかの奇跡を起こせるとは信じない」とアダムスは言った。そして、次のように付け加えた。「神の力でそのような奇跡が起こせるということには疑いがない。しかし、奇跡はすべて大分昔に終わってしまったし、最近のものは作り話でしかなく、相手にするものではない」。

それでも、修道士は後には引かない。翌日に、足を濡らすことなく浦賀の海の上を岬から岬まで歩いて見せると言って、浦賀の町へと去って行った。町では、翌日に起こす奇跡を修道士が大きく宣伝したため、皆の知るところとなった。指定した時間に町の奉行をはじめ、何千もの人々が浜辺に集まった。

修道士は自信満々の表情でその場に現れた。まず、通訳者を通じて、集まってきた群衆に話しかけた。次にスペイン語でアダムスたちに何かを語った。そこで、帯から両足まで届く十字架の形をした木片を体に付けた。これだけ大きな木片を使えば、そこそこ泳げる人なら十分水中に浮かんでいることができそうだった。ところが、このようなずるいやり方と神頼みにもかかわらず、修道士はたちまち沈んでしまった。

すぐに複数の小舟が海中に沈んだ修道士のところに駆けつけた。最初に着いたのはメルヒヨル・ファン・サントフォールトの小舟だった。サントフォールトが必死に海から引き上げなければ、修道士は確実に溺れていただろう。引き上げられた修道士はひどく混乱した様子だった。浜辺で見ていた群衆のあいだでは笑いが止まらなかった。

翌朝にアダムスは修道士を訪ねた。前日の失敗について修道士が何と言うのか彼は知りたかった。修道士は病床に臥していた。アダムスが部屋に入ると、修道士はアダムスを非難し始めた。「あなたが信じてくれていたら、私はきっとその奇跡を起こせた」と咎める修道士にアダムスは次のように答えた。「しかし、前にも言った通りで、あなたが奇跡を起こせるとは信じなかったし、今になって、その意見を変えなくていいことが一層はっきりした」。

このように、修道士は大きく恥をかいたため、日本を離れて、スペイン人のアジアにおける本拠地マニラへ赴いた。そこで司教によって懲戒されたようである。日本では一六一〇年代に入ってもなおこの「奇跡屋」についての噂が絶えなかった。

†イエズス会士による籠絡作戦

この事件についてフランシスコ会は、競争相手だったイエズス会士から批判を浴びることになった。イエズス会士もまたアダムスの存在を問題視していた。リーフデ号の乗組員を海賊として処刑させるための誹謗中傷活動が失敗に終わったところで、今度はアダムスへの接近を試みた。

アダムスとヨーステンが解放されて間もない頃、大坂で布教活動を行っていたスペイン人のイエズス会士ペドロ・モレホンは、アダムスの滞在先を訪問した。四十日以上入牢していたアダムスは人と話すことに解放感を味わったのだろうか。この時、彼はモレホンと長く語り合った。

その中で、モレホンはアダムスの口から、オランダ人が北方航路を通じて直接アジアに進出しようとしている計画について聞かされた。一五九〇年代半ばにオランダ人がロシア北方を通る航路で中国、日本とモルッカ諸島への航海とその海域での交易を目的として複数回にわたって船団を派遣したことをアダムスは打ち明ける。しかし、いずれの船団も厳寒に阻止された。さらにアダムスは続ける。イギリス人も北西航路という北アメリカ大陸の北方を通る航路を探検するために船団を送ったが、オランダ人と同じく阻止された。

この北方航路は舵手アダムスのお気に入りの話題であった。「敵」との会話においてであろうと、アダムスはその話をせずにいられなかった。彼はさらに世界地図をモレホンに見せた。家康にも見せた地図である。この地図を見たモレホンは驚いた。日本が正確に表示され、その中で豊後、土佐、都〔京都〕、常陸（ひたち）、肥後（ひご）などの地名も表示されていた。さらに、アダムスが得た日本に関する情報は、ヨーロッパでほぼ毎年刊行されていたイエズス会の『日本年報』からだったことも発覚した。

アダムスはさらに、オランダ人がほかにもマゼラン海峡を通る五隻編成の船団および喜望峰経由でアジアに向かう十隻編成の船団を準備していたと付け加えた。この情報を聞いたモレホンは不安を覚えた。「この商人たちが船団の派遣を続けたら、いかに我々に困難を与えることになるのか分かるだろう。神よ、我々を助けてください。というのも、世界が我々をおおいに危険のある状態に投げ込んでいるからである」とモレホンは豊後にいたジョアン・ロドリゲスに宛てた手紙で綴っている。

この時点では、アダムスがのちに家康の寵遇を受けるようになるとはイエズス会士には思いも寄らなかった。だが、そのわずか五年後には、アダムスは家康に影響を及ぼすことのできるほどの危険な存在となった。その影響力を利用して、日本におけるカトリック教会の立場を危うくするように仕向けてくることも考えられる。あるいは、「異端」の新教を日本人に広めるかもしれない。危険因子を未然に排除するために、ここは、何としてでも日本から出て行ってもらうように働きかけなければならない。

そのように考えたあるイエズス会士は、一六〇五年に江戸で家康と秀忠に謁見(えっけん)したついでに、アダムスを訪問した。それまでのイエズス会の態度を一変させて、アダムスに対して親しく振る舞った。そして、アダムスとその仲間に日本から出国できる許可書を調達しようと申し出た。

しかし、「さまざまな理由で国王〔家康〕がそのような許可を出してくれない」と言って、アダムスはその申し出を丁寧に謝絶した。イエズス会士にはそれが口実に聞こえたという。そこで、イエズス会士は新教の誤りとカトリック教の正しさを論じ始めた。アダムスをカトリック教に改宗させる作戦に切り替えたわけだ。改宗させることができれば、アダムスは逆に家康に影響を及ぼす便利な道具にもなり得るからである。

イエズス会士は聖書を持ち出し、論証や論説を並べ立てて、アダムスに「真実」を教え込もうとする。しかし、アダムスは一顧だにしない。同じく聖書を引用して、逆に新教の正しさを示すことに努める。我慢ならないイエズス会士は、「教会の権力と論証によって説得されるはずなのに、アダムスは頑固に固執した」と綴っている。結局、イエズス会士は「この頑固な異端者で時間を無駄にした」と思い、その場から立ち去った。

イエズス会士がここで出会ったのは、ただの船員ではなく、独学で教養を身に付けた、非常に頭の切れる頑固者だった。そして、聖書の解釈において長年勉学を積んだエリートのイエズス会士に歯向かうだけの勇気と能力のある異端児でもあった。家康がアダムスを尊重したのも納得できる。

このように日本から追い出すことも、カトリック教へ改宗させることも失敗に終わったイエズス会士は、いやでもアダムスと友好的な関係を築かざるをえなかった。「〔家康の寵遇について〕私の仇敵(きゅうてき)は驚き、今になって私に対して友情を求めざるを得なくなった。私はそのような友情をスペイン人にもポルトガル人にも与え、悪を善で報いた」とアダムスは未知の友人宛の手紙で綴っている。この記述からは、イベリア人と表面上は何事もなかったかのように接していても、心の奥底では、日本に到着した時に受けたひどい仕打ちと迫害を忘れていなかったことが窺える。

リーフデ号の渡航中に数多くの危険に晒された後で、やっと日本に到着した時には、海賊として死刑が宣告されるかもしれないという危機一髪の状態だった。ここに至ってアダムスの生計はようやく安定するようになった。「多くの苦労と困難に見舞われたが、神は私の苦労に報いた」とアダムスは振り返る。

オランダ東インド会社とアダムス

彼の地日本にいる、ヤーコブ・クワッケルナックの船にいた舵手にも注視すべきである。なぜなら、彼は良い生活を送っている人であり、皇帝〔家康〕に高く評価され、親しく扱われているからである。

（オランダ東インド会社使節ニコラス・ポイクの駿河参府日記、一六〇九年九月十二日）

†オランダ人のアジア進出

日本で成功したとはいえ、アダムスは故郷を忘れることができなかった。彼はイギリスに残した妻子に会いたいと切望するようになった。日本到着後五年が経過したところで、アダムスは、日本を離れる許可を秀忠に請願した。このことを知った家康は機嫌を損ねて、絶対に出国させないとアダムスに言い放った。このように、家康から寵遇を受けながらも、アダムスは決して自由にはなれなかった。

しかし、この頃、帰国に繫がりそうな有望な情報が伝わった。パタニ（現タイ南部）にオランダ人がいるらしい。ハーゲン船団の少し後に出帆したノールトの船団が世界一周に成功した。それを受けて、アジア貿易に向けてオランダ各主要都市で会社が設立され、船団が次々と喜望峰経由でアジアに向けて派遣されるようになった。

一六〇一年からマレー半島の東海岸に位置するパタニにオランダ船が続々と現れるようになった。パタニは東南アジアと東アジアを結ぶ重要な中継貿易拠点だった。パタニで売買される胡椒や中国産生糸を求めて、オランダ船が来航していた。パタニに到着すると、オランダ人はそこで次々と商館を設立する。一六〇二年にはパタニに別々の会社によって設立されたオランダ商館が同時に三館も存在していた。ハーゲン船団がアジアに向けて出帆してからたった四年後のことである。

オランダ各地から数多くの会社があまりにも短期間にアジアに船団を派遣したため、各社のあいだでの競争が激化した。その結果、アジア貿易から得られる利益が目減りしていた。この問題に対処するために、一六〇二年にオランダ東インド会社が設立された。各地の諸会社はこの一社に集約され、オランダの議会によりアジア貿易の独占権が与えられた。

豊富な資金と組織力を併せ持ったオランダ東インド会社は一六〇二年以降、毎年十隻以上から成る大船団をアジアへ派遣した。最初の船団がパタニに到着すると、すでにあった三商館は吸収合併され、オランダ東インド会社としての商館が設立された。アダムスが日本に留まっているあいだにアジア情勢は大きく変化していった。

パタニには中国人のほかに日本人やポルトガル人も寄港していた。彼らを通じて、オランダ人のアジア進出の情報が日本にも伝わった。パタニのオランダ商館の存在について聞き知ったアダムスたちの心は喜びと希望に満ちた。何らかの形で故国へ戻れるかもしれない。アダムスは家康のもとへ駆けつけて、帰国の許可を与えてくれるようにと大胆にももう一度請願してみた。ところが、不機嫌になった家康はアダムスに何の返事もしてくれない。

だが、アダムスは諦めなかった。家康が自由貿易を渇望していることを熟知していたアダムスは、「自分を行かせてくれたら、オランダ人とイギリス人が日本に渡航して貿易を行うよう仲介する」と提案した。しかし、何を言おうが、家康はアダムスを自由にしようとしなかった。

絶望したアダムスが「せめて船長を行かせてください」というと、家康はあっさりと許可を出した。このやりとりから、家康がリーフデ号の乗組員全員ではなく、アダムス個人に特別な愛着をもっていたことが浮き彫りになる。

このアダムスの仲介により、クワッケルナック船長とサントフォールトは、慶長十年（一六〇五）の秋に平戸藩主・松浦鎮信が装備したジャンク船でパタニに向けて出発した。鎮信はパタニにジャンク船を派遣するために家康から朱印状を受けていた。この当時、鎮信とポルトガル人とのあいだに生じた敵対関係のため、良好な港だった平戸にポルトガル船が寄港しなくなっていた。新たな貿易相手を平戸に誘致することが鎮信の念願であり、パタニへのオランダ人送還に関与する主要な動機となったと考えられる。また、この時、クワッケルナックたちも家康からオランダのマウリッツ王子宛書簡および朱印状を授かった。このことは、家康もオランダ船の来航を強く望んでいたことを示している。

クワッケルナックとサントフォールトは、一六〇五年十二月二日にパタニに到着した。当時のパタニのオランダ商館長はフェルディナンド・ミヒールスというオランダ東インド会社の商務員だった。オランダ船による日本への来航を家康が希望していることを彼らはミヒールスに伝えた。折悪しく、ちょうどこの頃、パタニへのオランダ船の来航が一時的に途絶えていた。この状況は一六〇七年の秋まで続いた。しかも、ミヒールス自身も新しい事業に取り組もうとしない保守的な人物だった。

このようにパタニのオランダ商館が停滞した状態であったため、クワッケルナックとサントフォールトはパタニでは働き口がなく、両者ともパタニを離れた。クワッケルナックは、いとこのコルネーリス・マテリーフ・デ・ヨンへの船がマラッカに寄港しているとの情報を得て、そこに向かった。一六〇六年八月十九日に彼はいとこと再会し、家康の書簡と朱印状を渡した。マテリーフはこれらをオランダに送ったが、現存していない。

一方、サントフォールトは再び日本へ戻った。「異国日記」には、慶長十一年（一六〇六）十月十日にアダムスを通じてミヒールスとクワッケルナック宛に朱印状が発行されているとの記述がある。このことから、日本に戻ったサントフォールトが、アダムスを通じてパタニのオランダ商館長ミヒールスとクワッケルナックのために朱印状を申請したという経緯が浮かび上がる。

†スプリンケルからの手紙

サントフォールトは個人貿易を営むために一六〇七年に再び日本からパタニに渡航した。パタニにいるあいだに、マウリッツ号というオランダ船が寄港した。この船に上級商務員ヴィクトル・スプリンケルが乗船していた。スプリンケルはミヒールスと交代でパタニの新商館長に就任した。

スプリンケルはサントフォールトから、家康がオランダ船の来航を希望しているという情報を得た。彼は、日本での貿易の機会を失わないように、家康宛の手紙とアダムス宛の手紙をサントフォールトに託した。サントフォールトはこの二通の手紙を日本に持ち帰り、アダムスに渡している。

この時スプリンケルがサントフォールトに託した一六〇八年二月六日付のアダムス宛の手紙において、スプリンケルはどのような内容を記しているのか。まず、クワッケルナックとサントフォールトが一六〇五年にパタニに到着した経緯について説明した後に、クワッケルナックの身にその後起こったことを伝えている。それによると、クワッケルナックは、マラッカへ渡り、そこでいとこであるコルネーリス・マテリーフ・デ・ヨンへ提督と合流した。提督から魅力的な高い給料で船長に推薦された。クワッケルナックは、むしろ早く祖国に戻りたかった。しかし、当時帰還船の準備がまだできていない上に、提督としても、クワッケルナックが僅かでもお金を儲けて荷物を携えて祖国へ渡航してくれることを望んでいた。そういうわけで、クワッケルナックはオランダ東インド会社所属船の船長に就任した。ところが、マラッカの沖でポルトガル人と戦った時に撃たれて死んだという。

数年間行動を共にしたクワッケルナック船長がこのような形で世を去ったことを知ったアダムスはさぞ悲しんだことだろう。一方で、スプリンケルの手紙には、二年ないし二年半以内にオランダ船が日本に寄港する予定であるという明るい材料も記されていた。

また、アダムスが日本の君主に尊重されていることをサントフォールトから聞き知ったスプリンケルは、家康宛の手紙と贈物をアダムスから家康に渡してほしいと伝えると共に、手紙の内容を家康のために日本語に翻訳してくれるようこの手紙で依頼している。

一方、家康宛の手紙では、朱印状を与えてくれたにもかかわらず、オランダ船がまだ日本に向かっていないことについてスプリンケルは謝罪の意を表している。その理由としてアジアにおけるポルトガル人との戦闘を挙げている。アジアに進出したばかりのオランダ東インド会社はこの時点でアジアにおける基盤をまだ整えておらず、戦争中であったポルトガル人とスペイン人との戦いに翻弄されていたので、日本へ渡航する余裕はまったくなかった。

スプリンケルからの依頼通りに、アダムスはこの手紙を日本語に翻訳して、家康に渡した。これにより、アダムスは、家康の外交に積極的に関わるようになった。後はオランダ船の来航を待つのみだった。

✝三浦按針という名の由来

サントフォールトを通じて在パタニのオランダ人とやりとりしているあいだ、アダムスは家康からもう一隻の船を建造するように命令を受けている。その命令に従って、今度は百二十トンの船を造った。百五十トンだったハーゲン船団のヤヒト船に比肩(ひけん)する大きさである。ヤヒト船ブレイデ・ボードスハップ号の乗組員が五十六人だったことから、乗組員四十ないし五十人規模の船だったと推測される。

アダムスはこの新たに造った船で畿内から江戸まで渡航した。根っからの航海士であったアダムスはこれらの航海に深い喜びを感じたのだろう。日本の海岸に沿って航行しているあいだにアダムスは測量を行い、海図を作成している。

この船での航海には、リーフデ号の元乗組員も数人参加したと思われるが、乗組員のほとんどは日本人だったはずである。彼らはアダムスと一緒に航海することにより、西洋の航海技術を吸収していった。

このような日本における造船技術および航海技術への貢献が報いられ、アダムスは家康から領地を拝領した。領地は三浦半島の逸見（へみ）（現横須賀市）に位置していた。この地名に因んで、アダムスは日本で「三浦按針」と呼ばれるようになった。「按針」は当時一般的に「舵手」を指す用語であった。逸見の領地には八十ないし九十世帯がいて、アダムスに従属していた。

この知行について、アダムスは未知の友人宛の手紙の中で、苦労が報われたという思いを伝えている。「これはイギリスの封建貴族の身分に匹敵するものである」と説明し、「これまで日本で外国人に与えられたことがなかったことである」と誇らしげに付け加えている。「このように大きな苦難の後に神が私に与えてくれた」と、この幸運について神に感謝を表している。

逸見は太平洋から江戸湾に入ってすぐ左手にある入り江に面している。アダムスが領地を保有していた当時は、海岸線が陸地にかなり食い込んでいて、山が海に迫っているという地形だった。アダムスの屋敷のあったところからは江戸湾を見下ろすことができた。江戸湾をさらに奥に行くとそこが江戸だった。このような位置関係はアダムスの生まれ故郷のジリンガムによく似ていた。ジリンガムもまたロンドンに繋がるテムズ川に合流するメッドウェイ河口を少し入ったところに位置していた。アダムスもこの類似性に気づいていたはずである。

逸見の領地のほかに、アダムスは、大名や旗本と同様に江戸で屋敷を構えた。場所は日本橋按針町（現東京都中央区日本橋室町一丁目）である。当時木造の橋がかかっていた日本橋のすぐ近くで、商人が多く住んでいる活気溢れる地区だった。また近辺に魚市場（日本橋魚河岸(うおがし)）があり、賑わっていた。旗本にふさわしく、いつでも登城できるようにアダムスは大部分の時間をこの江戸屋敷で過ごし、逸見には時々訪れる程度だったのだろう。

旗本としての身分および知行と共に、武士の証として、アダムスは複数の刀と脇差を所有していた。それはアダムスの遺言に明記されている。ただ、不思議なことに、アダムスの屋敷は商人地区に位置していた。

ヤン・ヨーステンと家康

一方、アダムスと同様に領地を授かったヨーステンの屋敷は江戸城の外濠の内側にあった。現在の東京駅の西側（千代田区丸の内）の地区だ。当時、その一帯は「やよそ河岸」と呼ばれていた。ちなみに、「八重洲」という地名はヤン・ヨーステンの名前に由来するが、なぜか、現在、東京駅の東側（中央区）の地区を指す。

このように、ヨーステンの屋敷はアダムスの屋敷よりもはるかに江戸城に近かった。なぜそのような格差があったのだろうか。日本側史料をみると、ヨーステンはアダムスと同様に家康の寵遇を受け、世界情勢について教示するために起用されたことが分かる。

たとえば、元禄期成立の「長崎根元記」においては、次のように書かれている。「オランダの頭人ヤンヨウスとイギリスの頭人アンジという者が、逗留のあいだ、時折お城に召し出され、異国のことを尋ねられたところ、次々と答え、それについて、ヤンヨウスは首尾よく行い、二人共に屋敷と領地を与えられ、作事して住んだ。江戸においてヤンヨウスが住んでいたところはやよそがし、アンジが住んでいたところはあんじ町とよばれている」（筆者による現代語訳）。

また、「太平雑記」にもヨーステンについて次の通りにある。「この者は家康の前に召し出されて、色々話したところ、家康に気に入られた。この者は自国ではそれなりの人物であり、色々なことに才覚があって、色々なことに適切に対処したので、しばらくのあいだ、留め置かれ、秀忠へも拝謁して、居宅を拝領していた」(筆者による現代語訳)。

西洋側史料ではヨーステンと家康の関係についてはほとんど言及がない。そのため、アダムスだけが脚光を浴びてきた。しかし、ヨーステンもアダムスと同等の能力が認められ、家康に顧問として重用された。むしろ、日本側史料ではヨーステンの方がアダムスよりも高い評価を受けているように見受けられる。

なお、前述の通り、ヨーステンは故郷デルフトの名家出身であった。このことも、その厚遇を理解するための重要な鍵となるかもしれない。少なくとも、ヨーステンには大風呂敷を広げる癖があった。そのような大胆な態度に家康は心を魅かれたようである。また、イギリス側史料においてヨーステンは日本語が非常に堪能だったと記されている。コミュニケーション能力に長けていたことが窺える。

こうして、アダムスだけでなく、ヨーステンも家康に特別に厚遇されるようになったが、アダムスとヨーステンとのあいだの関係は良好なものではなかった。控え目なアダムスに対して、ヨーステンの派手な振舞いや口達者ぶりは対照的だった。ヨーステンは自分に都合のいいように話を変えたり、行動したりするような人だったので、真面目で正直なアダムスは彼に反感を覚えるようになった。それゆえに、アダムスは同じ旗本に昇進したヨーステンとはできるだけ距離を置いていた。

†オランダ船の到着

一六〇九年七月にアダムスのもとに家康から嬉しい情報が寄せられた。平戸に二隻のオランダ船が到着したとのことだった。喜びに満ちたアダムスはすぐに支度し、オランダ人を歓迎する旨を記した家康の書状を携えて平戸に向かった。アダムスが平戸に到着すると、平戸の浦に、スヒップ船と呼ばれる二隻の大型オランダ船が確かに停泊していた。

乗船したアダムスに数人のオランダ商務員が対応した。その中にジャック・スペックスという若くて有能な商務員もいた。アダムスは彼らからオランダ船の来航の経緯について聞き知った。

両船はオランダ東インド会社に所属し、ロードレーウ・メット・ペイレン号およびグリフィユーン号という船名だった。一六〇七年十二月にピーテル・ウィレムセン・フェルフーフ提督率いる十三隻編成の船団でオランダを出発し、喜望峰経由でアジアに向けて航行した。アジアに到着すると、諸船はアジア各地においてそれぞれの任務が与えられていた。

両船はマラッカ近くのジョホール周辺を巡航し、ポルトガル船を攻撃する任務を負っていた。

ところが、しばらくすると、任務を変更する指令が両船に届いた。指令はフェルフーフ提督から発信されたものだった。ヨーロッパでは情勢が大きく変わろうとしていた。長いあいだ続いていたオランダとイベリア諸国との戦争に疲弊していた両者のあいだで停戦協定が締結されることが確実となっていた。協定では一六〇九年九月以降、陸海両方で十二年間、スペインとオランダとのあいだのすべての敵対行為を停止することが定められていた。

それまでのオランダ東インド会社の船団のアジアにおける任務は、貿易によるモルッカ産香辛料や中国産生糸の獲得のほかに、敵国ポルトガルとスペインに対する武力行使だった。アジアで敵国に経済的損害を与えることにより、ポルトガルの貿易独占の打破とヨーロッパにおける戦況の好転に繋げる狙いだった。協定の締結を受けて、オランダ東インド会社本部はその方針を転換し、できるだけ多くの君主と自由貿易の協定を結ぶ方向に切り替えた。

このような事情でロードレーウ・メット・ペイレン号およびグリフィユーン号の両船は、日本の君主と貿易協定を結ぶために日本への渡航命令を受けた。しかし、両船に与えられた任務の内容は、日本での自由貿易獲得だけではなかった。日本渡航のもう一つの目的は、停戦協定が効力を発する九月の前にマカオから長崎へ渡航するポルトガルのカラック船を拿捕することだった。

ポルトガルのカラック船は毎年六月から七月にかけて季節風に乗ってマカオから長崎に来航していた。カラック船はオランダのスヒップ船よりさらに一回り大きい巨大な大型船であり、一年分の貿易品を積み込む船倉を内蔵していた。オランダ船は日本に向かう途中でこの高価な積荷を積んでいるカラック船を待ち伏せし、略奪した積荷を日本で売りさばくという任務を負っていた。

五月十一日に両船はジョホールから出帆し、まずパタニへ渡航し、そこでいくらかの生糸および鉛を仕入れてから、日本へ向かったが、航海中にカラック船を発見できず、積荷がほとんどない状態で七月二日に平戸に到着した。カラック船はそれよりも二日前に長崎に辿り着いていたのだった。

平戸到着後、オランダ人はすぐに家康とリーフデ号の生存者宛に手紙を認めた。たまたま長崎にいたサントフォールトはすぐに平戸に駆けつけた。まず最初に家康から貿易の許可を得る必要があるとサントフォールトから聞き知ったため、一六〇九年七月二十七日にニコラス・ポイクとアブラハム・ファン・デン・ブルックが使節として駿府(すんぷ)へ赴いた。サントフォールトも通訳として同行した。

†オランダ商館の設立

アダムスが平戸に到着した時に、この使節はすでに駿府に向かって出立していた。行き違いになったと聞いたアダムスは、すぐに折り返し、駿府に向けて出発した。しかし、使節に追いつくどころか瀬戸内海に面している牛窓（うしまど）辺りで、駿府から平戸に戻る途中の使節と遭遇した。

そこでアダムスはポイクから駿府で起こったことを伝えられた。使節が駿河に到着する三日前に、カラック船より三人のポルトガル人がその従者と共に家康に贈物を献上するために到着し、早期の謁見を要求していたが、オランダ人の謁見が先に行われた。その四日後にポルトガル人が家康に謁見した際、オランダ人が海賊であると強く訴えたが、聞き入れてもらえなかったという。

家康は使節団を歓迎し、四通の朱印状を与えた。これにより、オランダ人は日本のどこでも自由に貿易を営むことが許された。朱印状を受け取った使節はその後すぐに駿府から出発し、帰路に就いた。

このようにアダムスの不在中に家康とオランダ使節とのあいだの交渉が迅速に行われた。

その交渉の場に居合わすことのできなかったアダムスは、少しばかりのもの寂しさを感じたのだろう。とはいえ、これによりオランダ人が毎年日本に船を派遣することが決まったので、故郷を忘れられないアダムスにとっては喜ばしいことだった。「ぜひ故国に戻りたいが、貴殿たちの出発があまりにも早いので、準備できそうもない」とアダムスはポイクに打ち明け、オランダ船での祖国への帰還を断念した。

家康にオランダ人のことを推薦してくれること、当地に残す人員と良好な関係を保ってくれることを依頼したポイクに、「私はオランダ人の友であり、オランダを祖国と思っている」とアダムスは答え、以後良好な関係を結ぶことを約束した。そうして、アダムスは駿府に向けて出発し、ポイク一行は平戸に向かった。

使節は九月十三日に平戸に戻った。平戸で商館を設立し、スペックスを商館長に任命した。アダムスと良好な関係を保つことがスペックスに課された。「彼の地日本にいる、ヤーコブ・クワッケルナックの船にいた舵手〔アダムス〕にも注視すべきである。なぜなら、彼は良い生活を送っている人であり、皇帝〔家康〕に高く評価され、親しく扱われているからである」とポイクは参府日記の覚書に綴っている。

アダムスの影響力は、オランダ人が日本において有利な貿易条件を獲得する上で大いに役立つとポイクは同覚書で説明している。しかし、懸念材料もあった。それはイギリス人の存在だった。一六〇〇年にイギリスにおいてイギリス東インド会社が設立され、オランダ人の成功に倣って、一六〇一年以降に定期的に船団をアジアへ派遣するようになった。

一六〇二年にイギリス人はすでにジャワ島のバンタム（現バンテン）に商館を設立していた。この時点ではモルッカ諸島の香辛料が主要な貿易対象だったため、それより北方の東アジアへの渡航は試みられていなかった。しかし、イギリス人であるアダムスが、アジアに来ている同胞に日本の状況を教えたら、イギリス船が日本へ渡航するかもしれない。その場合、似たもの同士のオランダとイギリスとのあいだに激しい競争が生まれることになるだろう。ポイクはそのように予想していた。アダムスと良好な関係を築く一方で、イギリス人もアジアに渡航するようになったことを敢えてアダムスに知らせる必要はないとポイクはスペックスに念を押した。

家康のめざした自由貿易

ポイクと別れた後に駿府に駆けつけたアダムスは、そこでオランダ使節の対応について詳細な情報を得る。それによると、オランダ船の到着を知ったイエズス会士が迅速に動き出し、家康に働きかけたという。

家康は通訳者としてイエズス会士のジョアン・ロドリゲスを起用していた。このロドリゲスを通じてイエズス会士は家康に対して、オランダ人がスペイン王に対する「反逆者」であり、「海賊であり、日本にとってあまりにも重要な貿易を破壊する者である」と力説した。

「これらの反逆者が港の前に来ることを容認すべきではなく、どんな形でも受け入れるべきではない」とロドリゲスは訴え、この二隻が平戸から出航することも認めないでほしいと家康に懇願した。その理由として、ロドリゲスは次のように述べ添えた。「というのも、それらの〔オランダ〕船が出航すれば、マカオの船を拿捕したり、ほかの大きな悪事を働いたりするに違いないからである。これまでもそのような悪事をすでに働いている」。

このような非常に強い訴えにもかかわらず、家康は、その九年前に漂着したリーフデ号の時と同様にイエズス会士の主張を受け入れなかった。アダムスやヨーステンとの問答を通してすでに世界情勢に通じた家康は、イエズス会士によるオランダへの強い反感が戦争中の敵国への中傷に過ぎないことを見抜いていた。

また、家康は、できるだけ多くの国々が日本と貿易をしてくれることを夢みていた。貿易における競争原理によって日本が豊かになるという考えを家康は強く抱いていた。日本の衣服産業には中国産生糸の輸入が不可欠で、それまで、毎年マカオから来航するポルトガルのカラック船に依存していた。

中国産生糸の輸入をほぼ独占していたポルトガル人が莫大な利益を享受する一方で、日本の国内市場は、独占貿易の弊害を受けた原料価格の高騰によって、その発展が大きく阻害されていた。その状況を緩和するために、長崎におけるポルトガル貿易は幕府によって課されたさまざまな制限を受けていた。とはいえ、供給先をポルトガル人が独占している限り、それらの対策は焼け石に水だった。

ところが、複数の国々が中国産生糸を舶載するようになれば、競争が生まれ、輸入価格を大幅に引き下げることになる。そうすれば、日本の国内産業は潤う。オランダ船の来航に対する家康の期待は相当高かった。「高官や一般民衆はオランダ人を海賊と見なし、オランダ人が家康に優遇されていることを良く思わないにもかかわらず、家康は彼らを快く歓迎し、貿易するために四隻の船で自国に来航し、商館を開設することを許可している」とイエズス会日本準管区長はスペイン王宛の書状で報告している。

イエズス会士によるさらなる誹謗中傷のことを聞き知ったアダムスはさぞかし呆れたことだろう。そして、家康に対してイエズス会士の嘘を指摘したに違いない。また、スペインとオランダとのあいだの停戦協定についても家康に伝えたはずである。

†家康の不評を買うポルトガル人

一方、オランダ使節と同時期に駿府に滞在していたポルトガル使節の動きはどうだったのか。ポルトガル使節を派遣したカラック船マードレ・デ・デウス号は、アンドレ・ペッソアという人物が船長を務めていた。このペッソアは、前年にマカオでポルトガル人と有馬晴信の朱印船の日本人乗組員とのあいだで抗争が起こった際、当時のマカオ長官として武力で介入したことから、幕府側で問題となった人物である。

今回、船長としてペッソアが来航した目的は、貿易のほかに、マカオで起こった事件について釈明するためでもあったが、長崎に到着したペッソアと長崎奉行の長谷川藤広とのあいだの関係はギクシャクしていた。このため、不信感を抱くようになったペッソアは、カラック船から一歩も出なくなり、自ら赴く代わりに代理を駿府に派遣した。

船長自らが弁明しに来なかったことを不誠実な行為として受け取った家康は、有馬晴信に復讐の許可を与えた。ペッソアが長崎港外へ脱出しようとしたところ、マードレ・デ・デウス号は有馬晴信の軍勢から攻撃を受け、四日間の激戦の末、爆沈した。このいわゆる「マードレ・デ・デウス号事件」をきっかけに、ポルトガル人に対する家康の不快感が一段と強まった。

このように、一六一〇年前後におけるポルトガル人の日本での立場は、オランダ人を蹴落とすほど影響力があるものではなかった。それどころか、ポルトガル人に対して不快感を抱いていた家康は、彼らに代わって、オランダ人が中国の商品を日本へ供給してくれることを期待していた。

それでも、貿易再開の許可を得るために一六一一年に日本へ派遣された使節ドン・ヌーノ・ソトマヨールを始めとして、ポルトガル人は依然としてオランダ人が海賊であるとして、その追放を要求していた。だが、この訴えは、ポルトガル人の独占を排除しようとしていた家康の政策に相反するものであり、むしろポルトガル人の立場をさらに危ういものにする要因の一つになった。

マードレ・デ・デウス号事件はアダムスの地位にも影響を及ぼした。この事件が原因で、それまで西洋人と家康とのあいだの通訳や仲介者としての役割を担っていたロドリゲスは日本から追放された。その後、ロドリゲスに代わって、アダムスが幕府において通訳を担うようになる。

†スペイン船の漂着

オランダ船が平戸から出帆する二日前の一六〇九年九月三十日に、大型のスペイン船が上総大多喜（現千葉県夷隅郡）の岩和田沖で難破した。フィリピンからヌエバ・エスパーニャ（メキシコ）に向かう途中のサン・フランシスコ号であった。

当時、フィリピンのマニラはスペイン人のアジアにおける本拠地として機能していた。このマニラと、スペインの北米における植民地であったヌエバ・エスパーニャの主要港アカプルコとのあいだをスペイン船が往来していた。スペイン船が辿る航路は日本の南海岸に沿っていた。この航路に注目した家康は、浦賀を開港し、アカプルコ、浦賀、マニラを結ぶ貿易ルートの確立を構想していた。この構想の実現に向けて、家康は書簡や宣教師を介して、フィリピン総督に働きかけたが、スペイン植民地内における貿易制限やキリスト教布教に関する双方の立場の食い違いのために、交渉が難航していた。

サン・フランシスコ号は三隻編成の船団の旗艦として七月二十五日にフィリピンのカビーテ港から出帆した。この船には、フィリピンでの臨時総督としての任期を終えたドン・ロドリゴ・デ・ビベロが乗船していた。日本近海で嵐に巻き込まれたサン・フランシスコ号は僚船と離れ離れになり、日本の海岸の方に流され、岩和田海岸の近くで座礁してしまった。

アダムスによると、この時、三十六人の船員（ビベロの報告では五十人）が溺死し、三百四十ないし三百五十人が救助された。ビベロは無事だった。スペイン人は大多喜藩主の本多忠朝によって保護された。フィリピン臨時総督の難破と保護について忠朝から報告を受けた家康は、ただちにアダムスを岩和田に派遣した。

アダムスが岩和田に到着したのはビベロの漂着より四十八日が経った頃である。ビベロと面会したアダムスはまず「この地で二十年以上過ごし、結婚もしているイギリス人の舵手であり、家康から寵愛されている」と自己紹介して、自分に与えられた任務について説明した。その任務とはビベロを幽閉状態から解放することだった。そのために家康の朱印状と通行手形をビベロに渡した。

これらの朱印状のおかげで、ビベロは自由の身になり、江戸と駿府へ赴くことになった。道中の食事は無料で提供される。さらに、海岸に打ち上げられた積荷も、本来ならば家康の所有となるところだが、すべてスペイン人に与えられる。アダムスはこのようにビベロに説明した。

ビベロはこの歓待を非常に喜んだ。ついでに、日本の領土についてアダムスに尋ねた。ビベロの地図には、日本の最北端の位置が北緯三十三度半の地点に記されていたが、実際に難破した岩和田は北緯三十五度半のところに位置するのではないかと疑問を投げかけた。それに対して、「四十六度以上のところ（北海道より少し北方の地点）にも日本の君主に服従し、税を納める臣下がいる」とアダムスは持参したアストロラーベ（携帯用の天文観測機械）で示しながら説明した。アダムスの学識はビベロに好印象を与えた。「地球形状学と数学の極めて優れた大家である」と評している。

アダムスから渡された朱印状と通行手形を携えて、ビベロは江戸にて秀忠に謁見した後、駿府城に赴き、家康にも謁見している。日本に滞在していた一年のあいだ、彼は家康に厚遇された。

駿府にいるあいだ、ビベロはスペイン王の代理として家康と交渉する資格がないにもかかわらず、滞っていたスペインと日本とのあいだの通商交渉を再開しようとした。この背景には、平戸オランダ商館の設立を知ったことから生じた焦りがあった。ビベロは、宣教師の保護、スペインとの友好関係の構築、スペインと敵対しているオランダ人の追放という三つの要求を、本多正純を通じて家康に提示した。

ビベロの回想録によると、家康はビベロの三つの要求のうち、宣教師の保護およびスペインとの友好関係の構築を承諾し、オランダ人の追放についてのみ拒否したという。三つ目を拒否した理由としては、すでにオランダ人に保護を約束したからであった。とはいえ、オランダ人の悪巧みについての情報を引き続き提供してくれるよう家康はビベロに依頼した。このように、家康は各方面からの情報収集を怠らなかった。

ビベロはスペインと日本との通商交渉にオランダ人追放の要求を盛り込むことによって、

スペインとオランダの敵対情勢を日本にも持ち込み、家康にスペイン側につくように迫った。これに対して、家康はオランダ人の追放に関する判断を先延ばしにすることによって、スペイン側あるいはオランダ側のどちらにつくこともうまく回避している。

しかしながら、ビベロの回想録にみられる、家康が宣教師を保護することを約束したという記述については、その信憑性は疑わしい。というのも、スペインとの交渉において、家康側でのキリスト教禁止の姿勢は終始一貫していた。それは、家康がビベロとの交渉の後にスペイン国王フェリーペ三世に送付した書簡の内容から明らかである。その書簡の中で、家康は貿易の開始を要請するのみに留まり、キリスト教の保護には一切言及していない。

ビベロはその後も帰国を延期してまで交渉を続けたが、彼が目指していたオランダ人の排除には繋がらなかった。ついに、ビベロは翌一六一〇年八月一日に浦賀を出帆し、ヌエバ・エスパーニャに向かった。ビベロが乗った船はかつてアダムスが建造した百二十トンの洋式帆船だった。「この船を秀忠はマニラの総督に貸し、総督は八十人を連れて同船でアカプルコに渡航した」とアダムスは未知の友人宛の手紙で誇らしげに書き留めている。

†オランダ人の動き

平戸オランダ商館長スペックスと「良好な関係を保つ」ように依頼されたアダムスだったが、その後しばらくのあいだスペックスからは連絡が来なかった。なぜなら、オランダ人は家康への約束に違反して、翌年にオランダ船を日本へ派遣しなかったからである。ただ、それにはわけがあった。ビベロの後に就任したフィリピン総督ドン・ファアン・デ・シルバは、オランダ人をモルッカ諸島から一掃するための軍事遠征を試み、オランダ人のいくつかの拠点を制圧した。デ・シルバの艦隊の攻撃に対応するためにオランダ人はすべての船をモルッカ諸島へ集結する必要があった。これにより日本へ船を派遣する余裕がまったくなかった。

一六一一年七月にようやく小型ヤヒト船ブラック号がパタニから平戸港に入港した。この船の到着を機にスペックスは駿府と江戸へ参府することを決めた。それは、家康に敬意を表し、約束に違反して前年に船が来なかったことを謝罪するためだった。

七月五日に、スペックスはアダムスに手紙を書き、二年前のポイクの参府の時に行き違いになったため、今回はオランダ人を迎えに来ないで、駿河においてオランダ人の到着を待つように頼んだ。手紙が早急にアダムスの手に届くよう飛脚に託した。

アダムスとの行き違いを防ぐことにスペックスが神経を尖らせたのには理由があった。今回の参府にあたってスペックスは貿易条件の改善を請願する予定だった。前述の通り、ポルトガル人は長崎でさまざまな貿易制限を受けていた。厳密に監視されてもいた。オランダ人はそのような長崎奉行の干渉を一切受けずに、日本で完全に自由に商品を売買できる特権を家康から獲得しようとした。

これはかなり込み入った要請であり、家康との直接交渉を通じて得られる自信がスペックスにはなかった。実現のためにはアダムスの力を借りる必要があった。オランダ東インド会社本部への報告書としても機能していた参府日記にスペックスは次の通りに書いている。「このアダムス氏は、その学識および誠意のために、家康によって王子や大名の如く非常に高い身分として評価され、扱われている。彼は家康と口頭で親しく面談できる。これはほとんどの人々に許されていないので、我々にとって大きな支えである」。

参府の準備を整えたスペックス一行は七月十七日に平戸を発った。八月七日に京都に到着すると、飛脚を通じてアダムス宛に送付した手紙がさまざまな障害のために途中で止まっていることが発覚した。スペックスは慌ててアダムスに新たな手紙を認め、ふたたび飛脚に託した。

†ポルトガル人の動き

こちらの手紙はアダムスの手許に届いた。オランダ人が駿府からそう遠くないところに来ているだろうと推量したアダムスは、手紙の内容に反して、すぐに支度して、オランダ人を迎えに行った。今回は行き違いにならず、八月十五日に鞆子でスペックス一行と合流した。そこでアダムスはスペックスに、スペイン人とポルトガル人がその直前に到着した時の様子について詳しく伝えた。

前述の通り、長崎でペッソアのカラック船マードレ・デ・デウス号が、家康の許可を得た有馬晴信の攻撃によって沈没したため、一六一〇年にポルトガル船は来航しなかった。翌年の一六一一年になると、小さなポルトガル船が薩摩に到着した。これは、使節派遣を実行することだけを目的としてマカオで急ぎ装備された船であった。ポルトガル人が薩摩に入港した理由は、そこでは長崎においてよりも歓迎され、より自由があると考えたからである。というのも、マードレ・デ・デウス号事件の後に日本でどのような扱いを受けるのかがポルトガル人には予測できなかったからである。

ポルトガル人は薩摩藩の高官から提供された二隻の和船で薩摩から出発し、大坂に向かった。大坂からは陸路で進んだ。使節は壮麗な振舞いで参府の旅を行い、道中いたるところでショームやトランペットの音を鳴り響かせていた。全員が極めて豪華な服をまとっていた。

駿府に到着してから、使節はその訴えを本多正純に口頭で行うと共に、その後に書面上で提出し、さらに家康に謁見した。駿府城に登城した際、壮大かつ豪華な行列を組んで本丸に入った。使節が献上した贈物は家康に受領されたが、敬意や親切さはほとんど示されなかった。家康は使節に一言も話さなかった。ポルトガル人は贈物を献上しただけで、その後すぐに出発するようにと言われた。

使節の訴えは家康に快く受け取られなかった。その訴えの内容は次の通りであった。まず、三年前のマカオでの騒動の際のペッソアによる日本人殺害の弁明として、その殺害には適切な理由があったと述べ、その行為を正当化しようとした。その上で、長崎におけるカラック船の焼き討ちには正当な理由がなかったとし、損害賠償を要求した。その額は数百万ドゥカート（現代のお金で数百億円）に上っていた。

それについてポルトガル人は長崎奉行に非があると主張した。というのも、長崎奉行が家康に正しい情報を伝えずに、船の焼き討ちを積極的に推し進めたからだという。使節は長崎奉行の悪事や悪巧みについて語り、多くの不平を言い募った。

これに対して、家康は、正純を通じて、同船の乗組員の頑迷や理不尽さを指摘した。とりわけ、弁明のために家康の面前に現れるのを船長が拒否した点は、日本だけでなくどの国の法にも反しており、日本人の殺害に関して彼に非があることの確かな証しである。したがって、その災いは自業自得だと言える。このような回答を伝えられたポルトガルの使節は何の展望もなく江戸へ進むことにした。

†スペイン人の動き

一方、スペインの使節への対応についてはどうだったのか。六月十日に、ヌエバ・エスパーニャ副王の大使セバスティアン・ビスカイノを乗せた船が浦賀港に到着した。ビスカイノが来航したのは、その二年前に日本に漂着したビベロに対して家康が与えた援助に謝意を示すためであった。六月二十二日に江戸城で秀忠に、七月五日に駿府城で家康に謁見した。

家康よりも先に秀忠を訪問したことを家康は快く思わなかったようだ。ビスカイノは駿府に約四十人の銃士を連れ、スペイン国王の紋章の入った旗を掲げて到着した。道中でマスケット銃及びトランペットを鳴り響かせた。これについても家康は不快感を抱いていた。

駿府に到着したビスカイノにまず告げられたのは、武装した状態で登城したり、家康に謁見したりすることは日本の慣習にそぐわないので、本丸に入ろうと思うのなら、それらを置いていかなければならないということであった。しかしながら、スペイン国王の偉大さを示すためか、ビスカイノはそれでも兵士たちを連れ、スペイン国王の旗を持って城の前まで来た。アダムスには、ビスカイノの行動は無礼で傲慢に映った。スペイン人は多くの儀式を伴って二の丸を通過したが、本丸に入るのを許されたのはビスカイノとフランシスコ会士の通訳のみであった。ビスカイノはヌエバ・エスパーニャ副王宛の家康の書簡に対する回答と共に贈物を献上した。

謁見の際、ビスカイノは家康に対して次の四点から成る要求をした。第一は日本での造船許可、第二はスペイン人航海士による日本のすべての海岸や港への立ち入り許可、第三はオランダ人に対する日本での交易禁止、第四は監視なしの自由な貿易、であった。なかでも、オランダ人の追放はビスカイノの最も重要な任務だった。もしもスペイン国王が、日本に停泊するオランダ船を破壊し、焼き討ちするために戦艦を日本に派遣する場合、それを容認してほしいとビスカイノは付け加えた。

これらの要求を、ビスカイノはまず口頭で、そしてその後に書面で家康に伝えた。謁見中、不機嫌だった家康はビスカイノに対してほとんど話さなかった。家康は、オランダ人の追放以外の要求については一応承認した。しかし、オランダ人に対する要求については、嘲笑しつつ、次の回答を出した。「我が国はすべての異国にとって自由であり、皆に開かれている。これについては、すべてのほかの国と同様にオランダ人を優遇するつもりである。そして、オランダの王子が他国との戦争をしていても、私には関係がない。それは戦争する国々同士で決着をつけるように」と。

家康はビスカイノの要求にそれ以上深入りしなかった。それをもって、ビスカイノはふたたび浦賀に向けて出発した。

以上の情報はすべてアダムスを通じてスペックスに伝わった。アダムスがこれだけ詳しい情報を得ていたのは、彼がビスカイノと家康との交渉に同席していたからである。アダムスがスペインとオランダとのあいだの停戦協定について尋ねると、ビスカイノはこれについて何も知らないと主張した。このビスカイノの主張をアダムスは家康の前ではっきりと論破した。それに対してビスカイノは激しく反論した。この議論もまたスペイン人に対する家康の不信感を強めたに違いない。

†オランダ人のための仲介

アダムスからポルトガルとスペインの使節の情報を詳しく伝えてもらいながら、スペックス一行は旅を続け、八月十五日に駿府に到着した。すでに夜になっていたが、アダムスはただちに家康の側近である本多正純と後藤庄三郎を訪問し、オランダ人の到着を知らせた。また、機会があり次第、家康への謁見が許されるように依頼した。正純はオランダ人を心より歓迎し、家康もオランダ人の到着を嬉しく思うだろうと答えた。

翌日アダムスはスペックス一行を二度、城へ連れて行ったが、家康は勘定役が提出した会計報告書に取りかかっていたため、謁見は実現しなかった。

翌十七日朝に、アダムスはスペックスを、家康の側近の一人でもある御金改役の後藤庄三郎の屋敷へ連れて行った。スペックスは日本の習慣に従って庄三郎に贈物を献上した。感謝しながら贈物を受け取った庄三郎は、同日家康に謁見できるようにするとスペックスに約束した。

そこで話題がオランダ人の海賊疑惑に移った。オランダ人の駿府到着以前に駿府に滞在していたビスカイノは庄三郎の屋敷を訪問し、オランダ人が海賊であると強く主張した。ビスカイノの熱弁には説得力があったのか、庄三郎はオランダ人が海賊ではないかと疑うようになった。アダムスが前日に訪問した時に、庄三郎は「今年ポルトガル人とスペイン人が来航したから、彼らの船を拿捕するために、オランダ人もまた日本に来たのであろう」との言葉をアダムスに投げかけていた。その理由として、オランダ人が前回も今回も商品を積まずに来航したことを挙げた。

アダムスはそれを強く否定し、語気を強めて、はっきりと次のように答えた。「オランダ人は盗賊ではなく、商人である。日本に来ているのは誠実さと誠意を尽くして交易をするためであって、ポルトガルやスペインの船を拿捕するためではない。また、スペイン国王の依頼に応じて、オランダはスペインと停戦協定を結び、それにより、どこであろうと、オランダ人とイベリア人は互いに害を与えてはいけない」。

アダムスがそのように強く断言し、前年にオランダ船が来航しなかった理由について意を尽くして説明したので、庄三郎はオランダ人が海賊ではないという確信をもつようになった。しかし、用心深い庄三郎は今回のスペックス訪問を利用して、アダムスの説明がすべて真実であるかどうかをスペックスに問い質した。スペックスは時間をかけて、それが真実だということを裏付けた。

ポルトガル使節の要求に対する回答を作成中だった庄三郎は、これらの情報を聞いて非常に喜んだ。また、日本に来航する諸外国が互いを阻害することなく貿易に専念することを望んでいた庄三郎は、停戦協定のことを知って、安心した様子だった。

正純が本丸から屋敷に戻ったという情報がアダムスに伝えられたので、彼らは庄三郎に別れを告げ、そこからすぐに正純の屋敷へ赴いた。オランダ人は正純に大変丁重に歓迎された。そして庄三郎への訪問時と同様にスペックスは正純に贈物を献上した。

正純は贈物を確認した後すぐに運び出させた。そこで、家康に対するオランダ人の請願の内容についていきなり尋ねた。スペックスは、前年一隻も来航しなかったことを家康に謝罪しに来たと答えた上で、その原因がアジア情勢にあると説明した。この答えに満足した正純はそのように家康に伝えると約束し、「ほかに請願することがあるのか」と尋ねた。この会話から、正純がアダムスから事前に根回しを受けていたことが窺える。ここでスペックスは、長崎奉行の干渉を一切受けずに、日本で完全に自由に商品を売買できる特権付与の話を持ち出した。

アダムスの根回しが効いたようで、正純は「この請願は理にかなっている」とスペックスに答えた。この請願が拒否されるのではないかという心配は無用で、江戸から戻る時にすべてが処理されているように手配すると正純は約束した。

そして、オランダの状況などについて少し談話した後で別れた。正純は門の外までオランダ人を見送った。ところが、そこでいったんアダムスを呼び戻し、贈物を返却したい旨を伝えた。

ここにきて贈物が返却されると、折角の良い雰囲気がぶち壊しになると懸念したアダムスはそれらを贈物としてではなく、オランダのお土産としてだけ受け取ってくれるように懇願した。正純は少し考え込んだ後、アダムスの真意を汲み取って、「私の好意についてオランダ人が疑念を抱かないように、習慣に反してそれらを受け取ろう」と言って、オランダ人をふたたび中へ呼び、そのように伝えた。このようにアダムスはオランダ人と幕府高官との交渉を巧みに進め、オランダ人にとって好意的な環境を整えた。

昼頃にスペックスは正純に呼び出されたので、アダムスと一緒に駿府城に登城した。アダムスの見守る中、スペックスは家康に謁見し、贈物を献上した。これらの贈物は日本の習慣に従って、種類毎に分けて別々に新品の台の上に載せられて、家康の前に運ばれた。

謁見の儀式が終わった後で、家康はアジア情勢や樟脳(しょうのう)・沈香(じんこう)・伽羅(きゃら)などの商品についてスペックスにさまざまな質問をした。それに対するスペックスの回答に満足した家康はオランダ人に退出の許可を与えた。正純と庄三郎が来て、スペックスを広間の外へ案内し、家康とこれだけ親しい会話が許されたことに驚きを示しながら祝福した。

すると、アダムスは中に呼び戻され、家康としばらく面談した。その後にスペックスとふたたび合流したアダムスは、この時の家康との面談の様子をスペックスに伝えた。家康は贈物の毛織物、天鵞絨(ビロード)や火縄銃を自ら見て、「オランダ船がふたたび来航する際に、多くの珍しい物や豪華な物をたくさん舶載してもらいたい」と言った。その言葉にアダムスは頷いた。この時に家康は、「そうだ、そうだ、オランダ人が工芸だけでなく、戦争にも長けているのはよく分かっている」と言ったという。

謁見を終えたスペックスは、自由貿易についての請願を書面にし、日本語に翻訳させ、翌十八日に請願書をアダムスを通じて正純に渡した。次の日にアダムスはスペックス一行と共に駿府を後にして、江戸に向けて出発した。

†スペイン大使との不和

江戸に到着したのは三日後の八月二十二日だった。アダムスはスペックス一行を日本橋の自分の屋敷に案内した後、秀忠の筆頭側近であり、正純の父に当たる本多正信にオランダ人の到着を告げに行った。

翌日の朝に、正信の都合を問い合わせた上で、アダムスはオランダ人を自分の屋敷から正信の屋敷に連れて行った。病気だったにもかかわらず、正信はオランダ人をもてなし、三十分近く世界情勢について談話した。中心的な話題はオランダとスペインとのあいだの戦争だった。小国オランダが強力なスペイン帝国に対して、これほど長く持ちこたえていることについて正信は大きな驚きを示した。幕府高官のあいだに世界情勢についてかなり正確な情報が伝わっていたことを物語る場面である。

三十分が経過したところ、オランダ人は退出の許可を得た。高齢による身体の衰えから歩行困難であったにもかかわらず、正信はオランダ人を外まで見送ってくれた。スペックス一行はアダムスの屋敷に戻り、そこで待機した。

二時頃に正信の家臣がアダムスの屋敷に立ち寄り、呼び出しがあったと伝えた。それを受けて、アダムスはスペックス一行を江戸城に案内し、本丸御殿で秀忠への謁見が実現した。アダムスの助言に従って選定された贈物が献上され、秀忠に歓迎された。

謁見終了後、アダムスはオランダ人をふたたび自分の屋敷に連れ戻した後、ただちに正信の屋敷へ赴き、彼の尽力に感謝を伝えた。そこで聞き知ったスペイン大使・ビスカイノによる秀忠への謁見の詳細について、屋敷に戻ってからスペックスに伝えている。

たった三日間の非常に短い滞在の後、アダムスたちは八月二十五日に正信の用意した和船に乗船し、浦賀に向かった。浦賀に到着したのは同日の夕方だった。そこでもアダムスはスペックス一行に浦賀にある自分の屋敷を宿泊先として提供した。

この時、ビスカイノも浦賀に滞在していた。オランダ人の到来を聞き知ったビスカイノは即座に二、三人の兵士をアダムスの屋敷に派遣し、多大な敬意と社交辞令をもってオランダ人に対する歓迎の意を伝えさせた。ただ、それが真意ではないことをオランダ人はすぐに見抜いていた。彼らもまた表面上儀礼的に応対した。

ビスカイノが浦賀にいることを知ったアダムスは心の中で怒りがこみ上がるのを抑え切れなかった。ビスカイノは駿府滞在中に、家康や庄三郎などに対して、オランダ人の悪口を次々と言い触らしていた。オランダ人が悪党であり、スペイン国王に対する反逆者で、海賊行為ばかり行っているというような告げ口をするのに余念がなかった。アダムスの脳裏には、日本に漂着した時のイエズス会士からの誹謗中傷で命の危険を感じた記憶が蘇ったに違いない。

オランダ人に対する誹謗中傷を我慢するのも限界に達していた。アダムスは屋敷から飛び出し、ビスカイノの宿泊先に向かった。そこに着くやいなや、ビスカイノに抗議した。そして、「なぜオランダ人が海賊であり、数多くの害を与える民族かのような告げ口をするのか」と問い質した。

このアダムスの言葉にビスカイノはまったく怯まず、「確かにそのように日本の君主に述べたし、それでもなお不十分だった」と火に油を注ぐ言葉を言い放った。そして、「オランダ人が望むのであれば、彼らがどんな人間なのかを、面と向かって満足のいくまで説明してやる」とアダムスに告げた。啞然としたアダムスは、それ以上ビスカイノと言葉を交わさず、その場から立ち去った。そして、今後スペイン人とポルトガル人のためには日本での自由貿易の獲得に向けての仲介を一切しないと心に誓った。

†江戸湾測量の意図

アダムスたちは八月二十七日朝に浦賀から出発し、昼に鎌倉で休憩し、夕方に大磯に到着し、そこで宿泊した。翌二十八日未明にふたたび出発し、夕方に吉原に着いた。二十九日未明に馬に乗って、午後に駿府に到着した。アダムスはただちに正純の屋敷へ赴き、オランダ人の到着を報告した。そこでは、貿易を許可する朱印状の手配はされていたが、スペックスが要望していた、干渉のない自由貿易の特権状は用意されていないことが発覚した。

正純の認識としては、その特権はわざわざ明文化するほどのことでもなかった。しかし、スペックスはその特権をどうしても明文化しておきたかった。アダムスの仲介の下での数日に及ぶ正純との交渉の末、九月二日正午頃に、アダムスはスペックスの請願書を携えて駿府城へ登城し、家康にオランダ人の請願内容を伝えた。アダムスに説得された家康はすぐに免状を作成させ、自ら押印し、アダムスに渡した。アダムスの尽力によって、駿府での自由貿易交渉はオランダ人にとって大成功に終わった。

しかし、アダムスには一つの気掛かりがあった。それは、ビスカイノが駿府を訪問した時に、江戸湾の測量を許可する朱印状を家康から授かったことであった。この許可に対して不審感を抱いていたアダムスは、スペイン人による江戸湾の測量が非常に怪しむべきことだと家康に忠告した。スペイン人が江戸湾を測量する目的は、いずれ大艦隊を率いて侵略しに来る時のための準備だとしか考えられない。母国イギリスなら他国による海岸の測量を絶対に許さない。このようにアダムスは家康に進言した。

すると、家康は驚きながらも今さら断ると面目が立たないと弁解しつつ、もしもスペイン軍が侵略して来ても、防衛のための兵力は十分あるので心配は要らないと断言した。だが、若い時に経験したスペインによるイギリス侵略計画を思い起こしたアダムスは、「まず宣教師を送り込み、その国の多数の国民をキリスト教徒に改宗させ、その後スペイン人がそのキリスト教徒と共謀してその国を征服し、スペイン国王の領有地とする」というスペイン人の策略を家康に伝えた。スペイン側史料によると、このアダムスの発言が直後に起こるキリシタン弾圧の一因であったという。

数ヶ月後に、本多正純の家臣であった岡本大八と有馬晴信とのあいだの収賄事件が起こった。大八の処刑と晴信の切腹で一件落着だったが、両者がキリシタンだったこともあって、取調中に駿府城内に数多くのキリシタンが潜伏していることが発覚した。これにより、アダムスの忠告が現実味を帯びることとなった。この状況を看過できなくなった家康は、大八の処刑が行われた一六一二年四月二十一日に直轄領に対してキリシタン禁教令を布告し、教会の取り壊しと布教の禁止を命じた。

そのあいだにビスカイノは、日本の東方にあるとされていた金銀島の探索に向けて浦賀を出帆した。この任務についてビスカイノは家康や秀忠に告げずに、秘密裡に行おうとしたが、その情報をビスカイノの船に乗り込んでいたオランダ人水夫から浦賀で聞き知ったアダムスが家康に暴露することになった。ビスカイノは伝説の金銀島をついに発見することができなかった。挙げ句の果てに、彼の船は探索中に嵐に巻き込まれて難破した。ビスカイノは新しい船を建造して、帰国することを企画するが、そのためには幕府からの援助が必要だった。

ちょうどこの時に家康が江戸にいると知ったビスカイノは、援助を要請するために謁見に赴いた。ところが、家康からは面談を拒まれる。ビスカイノは五ヶ月ものあいだ江戸に滞在し、さまざまな贈物や請願書を差し出す。ある時には、狩りに出かける家康の通る道で、苦難と厳寒を耐え忍んで待ち伏せる。それでも、一度たりとも家康との面会が許されない。舶載してきた商品の販売もうまくいかない。無一文となったビスカイノは結局、慶長遣欧使節を乗せた伊達政宗の船に便乗して、日本を去った。

†オランダ人舵手に託した手紙

自由貿易の免状を獲得したスペックスはただちに平戸へ戻る準備に取りかかった。アダムスもスペックスと一緒に平戸へ行くことに決めた。そうして、一行は九月三日に駿府を発って、八日に京都に到着した。京都でアダムスの仲介により京都所司代の板倉勝重への謁見が実現し、オランダ人は歓迎された。十日早朝に京都から出発し、昼頃に伏見に到着した。そこで小型船に乗船し、大坂に向けて川を下った。大坂に着いたのは翌日の朝だった。

大坂ではオランダ東インド会社所有の小型船に乗り換え、瀬戸内海を通って、平戸に向かった。十九日未明に、アダムスたちは平戸に到着した。アダムスとスペックスはさっそく平戸藩の老若藩主を訪れ、正純、庄三郎、勝重の書状を渡し、参府の成果について報告した。

季節風の関係でブラック号を可能な限り早く出帆させないといけないので、スペックスは積荷の売買や船の装備で多忙になった。そのあいだアダムスはオランダ人乗組員との交流を楽しんだ。特に、ピーテル・ヤンセンというブラック号の副舵手と親しくなった。

このヤンセンからアダムスは思いがけないことを聞き知った。イギリス船が以前からアジアに往来していて、ずいぶん前からジャワ島のバンタムにイギリス商館があるという。スペックスはそれについてアダムスに何も教えてくれなかった。さらに、アダムスがオランダ人に託した、イギリスにいる妻宛および友人宛の手紙が届いていないことも発覚した。これらの手紙の配送はオランダ東インド会社の上層部によって差し止められていた。

それでも、妻やイギリスとオランダにいる友人にはアダムスが日本にいるという情報が伝わっていた。彼らは複数の手紙を送付したが、それらもまたオランダ東インド会社の妨害によって日本に届かなかった。唖然としたアダムスに説明を求められたスペックスは返答に窮したに違いない。あれだけオランダ人のために奉仕していたアダムスに対する裏切り行為にほかならなかった。オランダ東インド会社の上層部の秘密主義に従って、手紙の送付は公式的に禁止されているとスペックスはアダムスに弁解してみたが、アダムスには納得がいかなかった。

アダムスは早速二通の手紙を書いた。一通はイギリスにいる妻宛のもので、もう一通は「未知の友人および同国人」宛だった。両方の手紙に、オランダからの出帆から一六一一年までの出来事を詳細に書き記した。妻への手紙は現存していないが、その前半部分が当時のイギリスの旅行記集『パーチャス巡国記』（一六二五年刊）に掲載された。したがって、イギリスには届いたはずである。後半部分には日本国内の重要な情報が含まれていたためか、途中で何者かによってちぎり取られていたという。

もう一通の未知の友人宛の手紙については写本が現存し、大英図書館に保管されている。なお、この手紙は妻宛の手紙と共に前述の『パーチャス巡国記』に掲載されているので、二通は同時にイギリスに届いたと思われる。

未知の友人宛の手紙は、その内容から主に在バンタムのイギリス商館員に向けて書かれていると推察される。オランダを出帆した時点から一六一一年までの出来事についての記述の後に、イギリス人に対して日本での交易を推奨する記述がある。また、日本人について次の通りに好意的に記述されている。

「この国の人々は性質が良好で、非常に礼儀正しい。戦いにおいては勇敢である。法に違反した者に対する処罰は公平かつ厳密に執行される。統治は非常に文明的である。おそらく日本ほど公正に統治されている国は世界にないと思う」。

このように日本人の性質について簡潔に記され、日本人と日本社会への親近感が垣間見える。この時点でアダムスはすでに日本の社会に溶け込み、その良さを満喫していた。イギリスへの郷愁は少しずつ薄れていった。

妻や子供たち、友人たちの手許に届くことを祈りながら、アダムスはブラック号が日本から出発する直前に手紙をヤンセンに託した。ヤンセンはアダムスの手紙を秘密裡に持ち帰り、上司に知られないようにバンタムでオーグスティン・スポールディングというイギリス人に渡した。

†日蘭関係への功績

同国人との文通を妨害するオランダ東インド会社に違和感を覚えたアダムスであったが、

それでもオランダ人への助力を惜しまなかった。アダムスは、ブラック号が舶載した商品の販売を助けてほしいというスペックスの依頼を快く引き受け、それらの商品を小型船で大坂へ運んだ。また、オランダ商館増設のための木材を大坂から平戸へ送った。

大坂の商人の手助けを得て、アダムスは堺や大坂でオランダ人のために、象牙、絹、毛織物の販売を行ったが、この時期のスペックスとの文通から推察すると、商売はアダムスの性に合わなかったようである。特に値引きの仕方が苦手で、売れ行きは芳しくなかった。販売が進まないので、スペックスは助手マチヤスとリーフデ号の元乗組員のヤン・コゼインスを京都へ派遣し、販売を引き継ぐように段取りしている。

たとえ営業が苦手でも、アダムスはオランダ人の商売をあらゆる形で支援した。アダムスは当時日本にいたオランダ人やイタリア人、スペイン人などさまざまな外国人と親交があったようである。これは、アダムスの恨みがスペイン人やポルトガル人全員に向けられていたわけではなかったことを物語る。このネットワークを駆使して、スペックスのために商品の受け渡しなどを代行した。また、家康がオランダ人から鋼鉄を購入した際もアダムスが仲介している。

一六一二年八月二十五日付アダムスに宛てた手紙でスペックスはオランダ船の平戸入港という嬉しい情報を伝えている。この船にスペックスと交代で新商館長となるヘンドリック・ブラウエルが乗船していた。同船でアダムスの妻および友人からの手紙も届いた。必ずアダムスの手許に届くよう責任をもつとスペックスは約束している。

これらの手紙はブラウエルが江戸に到着した時にアダムスに渡された。妻からの手紙はアダムスの手紙への返信としてではなく、アダムスからの安否情報がないまま自ずから書き送ったものだった。もう一通の手紙はアダムスがヤンセンに託した手紙に対する、スポールディングというバンタムのイギリス商館員からの返答だった。

ブラウエルが家康および秀忠への謁見を行った際にもアダムスは前年と同様にオランダ人を精一杯支援した。そして、オランダ商館を浦賀に移転させるようブラウエルに推奨した。それは家康が熱望していたことだった。家康の要望に応じて、アダムスはブラウエルを浦賀に案内し、港を視察させた。浦賀が港として平戸よりも適切であるとブラウエルは認めているが、アダムスの説得に応じず、平戸ですでに商館を建てたことを理由に商館の移転を断る。この交渉の時にブラウエルはアダムスから日本の地図をもらい、それをオランダ東インド会社の総督に送付しているが、現存していない。

ブラウエルが家康に謁見した際、オランダのマウリッツ王子からの書簡を家康に渡し、家康からマウリッツ王子宛の好意的な返書を受け取っている。このように日蘭関係は非常に友好的な状態に発展した。この良好な環境を築き上げる上でアダムスの功績は大きかった。

第五章　イギリス東インド会社とアダムス

> 彼があまりにも日本国を賞賛し、愛着をもって語るので、彼は帰化して日本人になってしまったと我々のあいだで皆が思っていた。
> （ジョン・セーリス航海日誌、一六一三年七月二十九日）

†イギリス東インド会社への働きかけ

ブラウエルが参府中にアダムスに渡した前述の二通の手紙以外にも、さらに二通の手紙がアダムスの手許に届けられた。以前にアダムスの手紙を預かり、バンタムのイギリス人に渡したピーテル・ヤンセンは、ハーゼウィント号というオランダ船で、ブラウエルよりも少し後に平戸に到着した。平戸に向かう途中でパタニに寄港したヤンセンは、彼の地でアダムス宛ての二通の手紙をイギリス人から託された。平戸到着後に、ヤンセンはこれらの手紙がオランダ商館の検閲を受けることなくアダムスの手許に届くようにうまく手筈を整えた。

二通の手紙のうち一通はイギリス東インド会社総督トーマス・スミス卿から送られたものだった。手紙の中でスミスは、日本に船を派遣し、商館を設立する予定であるとアダムスに知らせた。この情報を知ったアダムスの胸は希望に満ちた。彼はすぐに家康のところに赴き、翌年にイギリス国王が日本に使節と商人を派遣するという手紙を受け取ったことを伝えた。この喜ばしい知らせを聞いた家康は上機嫌になった。日本に対する異国からの好意的な姿勢を非常に喜んで、交易についてアダムスと長く語り合った。

家康と秀忠への謁見が無事に終わった後、アダムスはブラウエルと一緒に平戸へ赴いた。そこでスポールディング宛に手紙を認めた。手紙の中でそれまでの文通の妨害やヤンセンの尽力について説明した後で、イギリス船到来見込みに対する家康の好意的な反応を伝えた。「良き友よ、我が国の船が当地日本に交易のために来航すれば、これまでもこれからもこれ以上に歓迎される国はないだろう。そしてこれを私は保証する。なぜなら、これを実現させる力を私はもっているからである」とアダムスは断言している。この時点で家康との信頼関係がそれほどまでに強くなっていたことが窺える。

手紙の中でアダムスは日本における交易や習慣について詳細にスポールディングに説明している。そして、オランダ人と同様の自由貿易特権を獲得しようとして、スペイン人とポルトガル人が一六一二年にアダムスに仲介を依頼したが、それを拒んだことにも触れている。「スペイン人とポルトガル人は私を殺そうとしていた宿敵であったのに、今になって、スペイン人やオランダ人までも、その交渉はすべて私を介して行わなければならないので、かつて役立たずの哀れな者だった私に頼らなければならなくなった」とアダムスは苦々しい気持ちで綴っている。

続いて、アダムスは、船を派遣するならば、その船を東日本に向かわせるように勧告している。そこは日本の君主が滞在する江戸に近いからである。また、船が東日本に近づいたら、アダムスを呼び出すように指示を与えている。「私は日本語で按針様と呼ばれている。その名前で私は全海岸線で知られている」と付け加えている。

スポールディング宛の手紙は一六一三年一月十二日に平戸で書かれた。ヤンセンは帰還するオランダ船に乗船せずに、平戸に居残ったため、アダムスは手紙を別の人に託さざるを得なかった。その人物とは、トーマス・ヒルと名乗る人であった。名前からすると、オランダ船に船員として乗船していたイギリス人だと思われる。ヒルについてアダムスは「良き友」と呼んでいるので、平戸にいるあいだにアダムスと親しくなったようである。

ヒルを通じて手紙はスポールディングに届けられた。

†司令官セーリスの確信

オランダ東インド会社がアジア各地に商館を設立していたのに対して、イギリス東インド会社は初期において東アジアでの拠点をバンタムに限定した。定期的に派遣された船団の主要な任務は、モルッカ諸島の香辛料の獲得だった。この香辛料貿易はイギリス東インド会社にいくらかの利益を与えたが、香辛料の購入先である東南アジアでは、温暖な気候のためにイギリス産の毛織物への需要がなかった。毛織物産業のための新しい輸出先をアジアで開拓することはイギリス東インド会社に期待されていた役割の一つだった。

毛織物を販売できる可能性のある市場の一つとして、東南アジアよりも寒冷な気候の日本が注目されていた。イギリス東インド会社の第八回航海の船団が一六一一年にイギリスから出帆した時に、総司令官ジョン・セーリスは、バンタム経由で香辛料を購入した後、日本に向かい、彼の地に居住して君主の厚遇を受けているアダムスと連絡を取る指令を与えられていた。

セーリスが船団の指揮を任されたのは初めてだった。彼はこの時点で三十二歳だった。父は商人だったが、セーリスの幼少時に亡くなっていた。一六〇四年にイギリス東インド会社に就職した後、少しずつ昇進し、一六〇八年にバンタムのイギリス商館長に任命された。翌年にいったんイギリスに戻ってから、アジアでの経験が買われ、一六一一年に総司令官に指名された。平社員から総司令官まで出世したからか、ほかの人を見下すように偉そうな態度で振る舞う傾向があった。

セーリスが一六一二年にバンタムに到着した時に、香辛料の価格はオランダ人による独占のために高騰して、大きな利益が見込めなかった。この状況の打開策を練るために、セーリスはイギリス商館の商務員たちを召集し協議を重ねた。十月二十八日にアダムスの未知の友人への手紙が皆の前で読み上げられた。

アダムスの手紙で推奨されている日本での貿易が有望と思われた。日本には金銀が豊富にあり、オランダ人もそれらの貴金属を日本から輸出している。イギリス産の毛織物を日本で銀と交換し、その銀で香辛料を購入し、イギリスに運ぶという好循環の貿易を行えば、利益の見込めない現状を打開できるとセーリスは確信した。

セーリスは割高で購入した香辛料を積み込んだ船団のうちの二隻をイギリスに送り返し、残り一隻のクローブ号で自ら日本へ向かった。

†セーリスとの不和

クローブ号は一六一三年六月十一日に平戸に到着した。司令官セーリスは平戸藩主の松浦鎮信と孫の隆信に歓迎された。クローブ号に乗り込んできた老若藩主をセーリスはもてなし、イギリス国王からの書簡を渡した。その書簡を受け取った鎮信は非常に喜んでいる様子だったが、それを翻訳してくれる「按針」が来るまで開封しないと言う。

これは、按針ことアダムスが日本での任務を成功させる上で重要な人物だとセーリスに印象付ける一件だった。この時アダムスが江戸に滞在していると思われたので、セーリスは早速アダムスへの手紙を認めた。この手紙は、鎮信が大至急人を遣わして江戸に送付された。

セーリスが平戸で借りた家でアダムスの到来を待っているあいだに、オランダ商館長ブラウエルをはじめ、あらゆる人々がイギリス人を訪問しに来た。鎮信もたびたびセーリスを訪問し、談話を楽しんだ。談話はセーリスがバンタムから連れてきた日本人の通訳を通じて行われた。

平戸で「イギリス黒船」という歌が流行っているとセーリスは聞き知る。イギリス人がスペイン船を拿捕する内容の歌詞である。海賊の真似をして刀を振り回しながら歌う。子供を怖がらせるためのものだ。リーフデ号が日本に漂着した時にイエズス会士がアダムスたちのことを海賊呼ばわりしていた影響を受けてできたという。

待っても待っても肝心のアダムスは来ない。不安になったセーリスはもう一通の手紙を書き、大坂に向けて出発するシマ殿という日本人に託している。

七月になって、二人のスペイン人が訪ねてきた。アダムスと知り合いだという。船を見学して帰った。これでアダムスがイギリス人の宿敵であるスペイン人と交際があることが発覚した。セーリスは不審に思い、アダムスの愛国心を疑った。

数日後にサントフォールトも訪ねてきた。シャム（現タイ王国）から戻ってきたサントフォールトはアダムス宛の数通の手紙をセーリスに託して、堺の自宅に向けて出発した。セーリスは彼に非常に良い印象をもった。イギリスへ連れて行こうと提案するが、断られる。日本での暮らしは自国よりも快適だからという。

数日後に、シャムから戻ったヤン・ヨーステンもセーリスを訪問して、サントフォールトと同様にアダムス宛の手紙をセーリスに託した。鎮信によると、ヨーステンは信用できない人で、日本で多額の借金を背負っているという。

そうしているうちにすでに一ヶ月以上が経ったが、依然としてアダムスの消息が分からない。セーリスが手紙を託していたシマ殿は七月二十日に大坂から戻ったが、アダムスが見つからなかったという。そろそろ機嫌を損ねかけているセーリスだが、待つしかない。

それから九日後の七月二十九日にアダムスはようやく平戸に到着する。到着まで一ヶ月半もかかった原因は、鎮信の使者がアダムスの所在を誤ったからであった。鎮信の使者はまず江戸に向かったが、そこで、アダムスが駿府にいることを知り、折り返さなければならなかった。イギリス船が平戸に来航したことを知ったアダムスは大急ぎで平戸に駆けつけた。

早速クローブ号に乗り込んだアダムスは、同胞の乗組員に大いに歓迎された。その時、陸にいたセーリスは、アダムスをイギリス人の宿泊先に連れてくるよう部下のコックスとピーコックを船へ向かわせた。アダムスが上陸する際に九発の祝砲が放たれた。イギリス人の宿泊先に入る際にセーリスはアダムスに対してできる限りの敬意を表した。

しばらく談話したところで、話題は日本に来航した目的に移った。家康宛のイギリス国王の書簡を持参したことをセーリスが伝えると、その書簡をできるだけ早く家康に届けることが得策であるとアダムスは助言した。

長い年月を隔てて同胞とようやく会えたことにアダムスがさぞ歓喜するだろうとセーリスは期待していた。しかし、そのような感動的な場面はなかった。むしろ、アダムスはイギリスのことではなく、日本のことばかり話す。それにセーリスは違和感を覚えた。あまりにも日本国を賞賛し、愛着をもって語っているので、アダムスが帰化して日本人になってしまったのだとセーリスたちは思った。

さらにセーリスの期待を裏切ることになったのは、商売の話であった。クローブ号の積荷の中身について伝えられたアダムスは、利益が期待できないとにべもなく断言した。毛織物はオランダ人とスペイン人が数年前から大量に船載しているので、その値段は暴落状況にある。香辛料については、日本ではあまり使われていないので、順調な売れ行きは期待できない。そして、セーリスが船載したそのほかの品物についても、日本での市場価格が安いので儲からない。このようにセーリスの期待に水を差すような発言ばかりだった。

この期待外れの反応に動揺しながらも、セーリスは和やかな雰囲気作りへの努力を惜しまず、イギリス人の借りている家の中の気に入った部屋に泊まり、好きな料理を食べるようにと提案する。ところが、アダムスはこの招待をあっさりと断る。粗布で作られたセント・ジョージの旗が窓から掲げられている粗末な家で三、四日間泊まるつもりだと言い、その場を去ろうとした。

あれだけ長くアダムスの到来を待っていたセーリスには大きな驚きだった。日本での交易について色々と相談したいので、この家に泊まってほしいとセーリスはさらに強く要請するが、無駄であった。「宿泊先かオランダ商館に人を遣わしてくれれば、必要な時にいつでも来る」と言いながら、アダムスは宿泊先へ向かおうとした。

そこで、数人のイギリス人がアダムスに同行すると厚意から申し出たが、アダムスはそれも拒絶した。セーリスたちが期待していた愛国心に溢れる情緒的な態度と真逆の光景だった。微妙にイギリス人と距離を置くアダムスの態度は、彼らには自惚れとして映り、また、侮辱として受け止められた。

アダムスはイギリス人との再会を大変喜んでいたに違いない。しかし、彼は「自由」を何よりも大事にしていた。また、十三年ものあいだ母国から遠く離れて、日本の社会に溶け込んでいた。この十三年間がなかったかのように振る舞うことは彼にはできなかった。友人同士の誠実な絆を重んじるアダムスには、本心を伴わない形式的かつ表面的な敬意には何の興味もなかった。初対面で形式的な敬意表明に努めるセーリスこそアダムスが苦手とする類の人間だった。

アダムスのそのような性質を理解していないセーリスは、なおも努力し、翌日アダムスを船上での会食に招待した。長崎から大勢のスペイン人とポルトガル人の水夫たちがアダムスを訪ねて来ていたので、アダムスは会食を終えると、すぐに下船した。これはセーリスの怒りを募らせる行為だった。イギリス人よりも宿敵のスペイン人の方が大事であるかのような印象を同胞に与えてしまった。

とはいえ、このスペイン人たちに対してアダムスは責任を感じていた。彼らはビスカイノの部下として日本に渡ってきたが、ビスカイノが悲惨な状況に陥ったことを受けて脱走したのだった。アダムスは彼らを保護し、長崎で匿っていた。彼らをクローブ号に乗せてバンタムに運んでほしいとのアダムスの請願を受けたセーリスは、脱走兵だとの理由で断った。これにより友人を大事にするアダムスと愛国精神を第一に考えるセーリスとのあいだの溝がさらに深まった。

それでもセーリスは怒りを極力抑え、アダムスに同胞に対して愛情を向けてもらえるよう豪華な贈物を与えることに決めた。ところが、それでもアダムスの態度は変わらなかった。セーリスの懐柔策は相変わらず的外れだった。

八月二日にアダムスはオランダ商館に招待された。アダムスが競争相手のオランダ人のところへどのような用事で赴くのかを探るために、セーリスは部下のリチャード・コックスを同行させてほしいと要請した。アダムスは最初は断っていたが、セーリスのたび重なる請願を受けて、同意した。そこで、アダムスが以前にオランダ人のために商品を販売したことが発覚した。アダムスがさまざまな国々の人々と親しく付き合っているのはイギリス人にとって目障りだった。それでも、日本での交易を成功させるためには、アダムスの支援が不可欠だった。

そろそろ参府の準備が急務となっていた。八月三日にセーリスはアダムスを夕食に招待した。その日、アダムスはセーリスの要請を受けて、イギリス人の宿泊先に泊まった。この時間は有効に使われ、アダムスは家康や秀忠、幕府高官への贈物の選定や参府の準備に関する貴重な助言をセーリスに与えた。

準備が整った八月七日にセーリス一行は鎮信所有の船に乗って、平戸から駿府に向けて出発した。セーリスに同行していたのは、イギリス人十名、通訳の日本人一名、セーリスの宿泊先の宿主、平戸藩士一名、警備の者三名、槍持ちの日本人一名、そしてアダムスとその使用人二名で、合計十九名であった。

一行は瀬戸内海を通って、八月二十七日に大坂に到着した。大坂からは、京都を経由して、陸路で駿府へ旅した。駿府に着いたのは九月六日だった。一行を宿泊先に案内したアダムスはすぐに家康のもとへ赴き、イギリス人の到着を伝えた。準備ができ次第、登城して良いという好意的な回答を家康から得た。

翌日は贈物献上の準備に費やされた。到着してからたった二日後の九月八日にアダムスはセーリス一行を駿府城に案内した。しかし、ここでアダムスを困らせる事件が起こった。

広間で待機している間に、イギリス国王の書簡を自分の手で家康に手渡したいとの要望がセーリスの口から発せられた。

この思いがけない要望に戸惑いながらも、アダムスは本多正純のところへ行き、その旨を伝えた。驚いた正純は、外国人の手から書簡を直接君主に渡す習慣が日本にはないと回答した。とはいえ、セーリスが書簡を手許に持っておいて、面会の時に正純がセーリスから受け取って、家康に渡すという妥協案を提案した。

この回答をセーリスに伝えると、セーリスは怒り出し、自分で書簡を家康に手渡せないのなら宿泊先に戻ると言い出した。そのことを正純に伝えると、アダムスが日本の習慣をセーリスにきちんと伝えていないことに正純も腹を立てた。「これまで外国人の誰もそれをやったことがないと知っているはずだ」とアダムスを戒めた。

双方から叱られたアダムスは途方に暮れた。アダムスに正純の回答を伝えられたセーリスは非常に不機嫌な様子だった。どうなることかとアダムスが心配していると、そこで家康が広間に入ってきた。その瞬間、セーリスが身動きする間もなく、正純はすばやくセーリスの手から書簡を奪い取り、家康に渡した。これでこの件が無事に終わり、アダムスはほっとした。書簡を快く受け取った家康は、セーリスを歓迎した。贈物の献上が済んだところで、セーリスは宿泊先に戻った。

一方、アダムスは家康に呼び止められ、イギリス国王の書簡を翻訳するように仰せつけられた。アダムスは家康の前で書簡を朗読し、その内容について説明した。イギリス国王ジェームズ一世から家康宛の書簡は現存していないが、大英図書館に案文がある。

それによると、友好関係を築き、互恵貿易を行う目的で、ジェームズ一世が臣下を日本へ派遣したとの内容になっている。ジェームズ一世の書簡は英語で書かれていた。当時の日本の対外関係の文書の控えとして記された「異国日記」によると、アダムスがその内容を仮名書きで和訳したという。

原文とアダムスの訳文を比較してみると、内容は忠実に伝えつつも、当時の日本人にとって理解しやすい形に工夫してあることが分かる。たとえば、「貴殿の友情と厚意を求めて前述の臣下を貴殿の国に派遣した」という意味の原文が、アダムスの訳文では「かぴたん、せねらん、じゆわん、さいりす、此等を為す名代、日本　将軍様え御礼為可申、渡海させ申候、この如く申通ニ罷成候へハ」となっている。汎用的な内容の原文を具体化させることで、日本向けの内容にうまく変容させている。言語能力のみならず、異文化間の情報伝達能力の高さが窺える。

アダムスの和訳によりジェームズ一世の書簡が好意的な内容であることを把握した家康は、上機嫌だった。アダムスにイギリスの国王についてさまざまな質問を浴びせて、その権力の大きさについて探った。家康はイギリスとの国交を樹立させることに前向きになった。何か要望があるなら、正純に提出するようにとの旨をセーリスに伝えるようアダムスに命じた。それらの要望について家康は好意的に検討して回答をするという。

アダムスは早速セーリスのところに戻り、家康の意向を伝えた。二人は十四箇条から成る要望書を作成し、翌日に正純に提出した。要望書を確認した正純は、日本人は短い文章を好むので、もっと簡略化するようにとアダムスに伝えた。

翌日にアダムスは簡略化した要望書を正純のところに提出した。正純としては差し支えのない内容だった。それを受けてアダムスは登城し、要望書を家康に渡した。しばらく談話した後、家康は要望書に目を通した。七箇条から成る簡略化された要望書の内容は、その二年前にオランダ人に与えられた特権とほぼ同様の条件を求めるものとなっていた。つまり、イギリス人が日本で干渉を受けず自由に貿易ができること、イギリス人の生命やイギリス船とその積荷が家康の保護を受けること、必要に応じて食糧が提供されることなどであった。家康は「許可してもよかろう」と言いながら、朱印を押した。このようにアダムスの尽力により、オランダに続いてイギリスとの自由貿易協定が成立した。

†北西航路探検への情熱

家康がイギリス人に与えた特権の中にオランダ人には与えていない条項が一つあった。その条項とは、蝦夷への通行許可であった。蝦夷への通行許可をセーリスが要望書に入れた思惑として、蝦夷での貿易の見込みだけでなく、北西航路の発見に繋がる探検計画が背景にあった。

前述のように、イギリス人は以前にも北アメリカ大陸の北方を通る航路でアジアへ渡航する夢を抱いていた。イギリスからアジアに向けて出発した船団はこの航路を発見することができなかったが、日本からヨーロッパに向けて探索してみれば、ようやく北西航路が発見できるかもしれないとアダムスは考えていた。

この北西航路は以前からアダムスが好んで取り上げる話題だった。アダムスが参府の旅の道中にでもセーリスに熱弁したことは想像に難くない。北西航路の探索を見据えて、蝦夷への通行許可を要望書に盛り込むことは不利益にはならないとセーリスは考えたのだろう。

要望書に記された蝦夷への言及は家康の注目を引いた。「イギリス人は北西航路を発見できないのか」と彼はアダムスに尋ねた。アダムスは答えた。「イギリス人は多くの発見をしてきたし、現在も新たな発見をしている。しかし、北西航路の発見はまだ成し遂げていない」。「その航路は本当に存在するのか、そして距離は果たして短いのか」という家康の質問は、アダムスの情熱を燃え立たせた。「航路が存在し、その距離は非常に短いと確信している」と彼は答えた。

家康が持って来させた世界地図上でアダムスが航路を指し示すと、家康はその航路の距離が短いというアダムスの指摘に納得した。「西洋では日本の北端に位置する蝦夷や松前について知識はあるのか」との質問に対して、「西洋の地図にも地球儀にも描かれているのを見たことがない」とアダムスは答えた。

そこで家康は、セーリスの来航の目的の一つが北方地方の探検ではないのかとアダムスに問い質した。「それは分からない」とアダムスは答えた。そこで、家康から思いがけない問いかけが発せられた。「そのような探検に行きたいか」。

アダムスは即座に答えた。「イギリス東インド会社が船を派遣する、あるいは当地でその命令に従って船が建造されるのならば、そのような栄光のある事業に喜んで参加する」。アダムスの熱意を感じ取った家康は、松前の臣下に紹介状を書くと約束し、アダムスに退席許可を与えた。

この家康との会話はアダムスに新たな夢を与えた。もう一度大冒険に乗り出せるという期待を込めて、アダムスは早速日本を起点とした北西航路探検計画の構想を二通の手紙に書き留めた。一通はイギリス東インド会社本部宛で、もう一通は、当時イギリス東インド会社の総司令官としてバンタムにいたアダムスの旧友トーマス・ベスト宛であった。この二通の手紙はほぼ同様の内容となっている。

その中でアダムスは、北西航路の探検をイギリスと日本が共同で成し遂げるべきであると強く訴えている。日本からの援助を受けることが大きな支援になるとアダムスは主張する。蝦夷などの地域で家康からの紹介状が非常に役に立つ。船大工や資材は日本に豊富にあるので、探検用の船は日本で建造できる。航海に必要な食糧もまたいくらでも調達できる。そして、日本人は有能な水夫であるので、乗組員として日本人を雇用すればよい。イギリス側で用意するのは、資金と羅針儀などの航海用道具、舵手、そして日本人の乗組員を指揮する士官のみである。

以上の条件のもとで北西航路の探検は可能であり、大発見に繋がるとアダムスは二通の手紙で熱心に説明している。そして、イギリス東インド会社がその事業に投資してくれるのであれば、ぜひ参加したいとの意向を伝えている。

この手紙の内容からはアダムスの情熱が伝わってくる。大冒険にもう一度挑戦したい。ただし、ハーゲン船団の時と違って、今度は徹底した準備をした上で。これまで培った経験を活用すれば、ほかの人が成し遂げられなかったことも達成できるのではないかとアダムスは感じた。そして、成功すれば、イギリスと日本が新たな航路で結ばれることになる。アダムスの心の中で期待が膨らむ。

アダムスがベスト宛の手紙を書いた一年後の一六一四年十月十二日にその手紙はロンドンのイギリス東インド会社本部において取締役の前で読み上げられた。しかし、イギリス東インド会社の記録をみる限り、北西航路の探検に関するアダムスの計画についてはあまり注目されなかった。喜望峰経由の航路がすでに確立していたため、未知の航路の探検に資金をつぎ込むことには関心がなかったのだろうと推測される。一方、日本でもその後大坂の陣が起こり、家康の方でもそれどころではなくなった。これらの要因により、アダムスが夢見ていた北西航路の探検は立ち消えとなり、ついに実現することはなかった。

†自由の獲得

イギリス人の来航をきっかけに、母国に戻って、妻子に再会したいという思いがアダムスの心の中でふたたび強まった。アダムスはとにかく出国の自由に拘っていた。イギリス人のための交渉が成功したところで、家康から帰国の許可を得るために口添えしてくれるように正純や庄三郎に頼んだ。しかし、両者とも断った。というのも、それまでにアダムスが何度も帰国の許可を願い出たが、常に家康の機嫌を損ねる結果になっていたからである。

このように誰も味方をしてくれない状況で、アダムスはふたたび家康に呼び出された。世界情勢など色々なことについて談話していた家康は上機嫌だった。この機会を逃すまいとアダムスは勇気を振り絞って、懐に入れていた知行の朱印状を取り出し、恭しく家康の前に置いた。

驚く家康に対して、アダムスはこれまでの厚遇への深い感謝の意を述べた。家康はアダムスを見つめて、母国に戻る意向があるのかと尋ねた。「強く希望している」とアダムスは答えた。「貴殿の良い行いと忠実な奉仕を考慮すると、貴殿の願いを拒否することは不当であろう」と家康は言って、この件についてはアダムスの意思に委ねた。自由を獲得したアダムスは、言葉で言い表せないほど嬉しい気持ちで、その場を後にした。

家康から自由貿易の特権を得たセーリス一行は、次に秀忠の居住する江戸に向かった。九月十四日に一行は江戸に到着した。十七日に秀忠への贈物献上が無事に終わった。四日後の九月二十一日にアダムスは一行を船で浦賀に連れて行った。浦賀を商館の候補地として視察してもらうためだった。その前年にアダムスは浦賀をオランダ人にも推奨したが、努力は実らなかった。アダムスに説得されたセーリスは、浦賀が平戸よりも良好な港であるとの評価を日記の中で記している。

この時、浦賀に一隻のスペイン船が停泊していた。セーリスには思いがけないことであった。しかも、アダムスは、この船が舶載した商品をスペイン人の代理として販売する役目を担っていた。また、アダムスの屋敷にもスペイン人から預かっていた京都の漆器が保管されていた。これらの商品をアダムスはイギリス東インド会社に購入してほしいとセーリスに申し出た。アダムスが「敵」のスペイン人と深い関わりがあることがふたたび露見した。セーリスの心中には、アダムスが愛国心に欠けているのではないかという疑念が再浮上した。

とはいえ、商売優先主義のセーリスは一応は交渉に応じる。しかし、オランダ人のために商品を販売していた時と同様に、アダムスは今回も値切り交渉にまったく応じなかったので、結局スペイン船の積荷の売買交渉は決裂した。ただ、数点の漆器については売買が成立した。

一行は浦賀で三日間滞在した。アダムスはイギリス人を自分の屋敷に泊めた。屋敷にはアダムスの日本妻や義姉妹、義母もいた。彼女たちはセーリス一行を手厚くもてなした。セーリスはお礼の印としていくつかの贈物を差し出した。

平戸へ帰る途中、一行はもう一度駿府に立ち寄った。そこでは家康からの朱印状とジェームズ一世宛の返書が用意されていた。ジェームズ一世への返書の内容は非常に好意的なものだった。漢文で書かれていたので、仮名しか解せなかったアダムスは日本人の助けを得て、ジェームズ一世に提出するための英訳を作成した。

書簡の中で家康は、送られてきた書簡と贈物に対する感謝の意を表している。そして、イギリス人の到来を心から歓迎し、以後の援助を約束している。

アダムスの尽力でセーリスの任務は大成功に終わった。その上、家康と秀忠への謁見も異例のスピードで実現した。通常、日本の君主や高官は待機期間を設けて相手国の使節を焦らすことにより、自分の威厳を相手に知らしめる。謁見の許可が下りるのが早いほど相手を重視している。逆に、長く待たせるほど相手を重んじていない、あるいは疎(うと)んじている。こういう意思表示の仕方をしたのである。イギリスの使節が即座に謁見の機会に恵まれたのは、家康がイギリスとの国交に非常に前向きだったことを物語る。

日本で一連の物事がうまく運んだのはアダムスのおかげである。このことをセーリスは百も承知であった。愛国心の点では疑いが拭えないとはいえ、セーリスにとっては十分満足してもよい状況のはずであった。任務が成功したことで対立がいったん緩和された二人は一緒に平戸へ戻った。

†セーリスとの決裂

十一月六日の朝十時頃、セーリス一行は平戸に到着した。不在中に色々なことが起こっていた。イギリス船員たちは平戸で留守を預かっていたコックスの手に負える連中ではなかった。彼らは毎日のように許可なく陸に上がり暴れていた。時にエスカレートして、日本人に襲いかかったり、互いに喧嘩したりして傷害事件にまで及んでいた。帰着直後にセーリスは老若藩主からの訪問を受け、刀を抜く喧嘩は日本で死罪に値するとの警告を受ける羽目になった。

しかし、問題はそれだけではなかった。七人の船員が小舟で脱走し、長崎に潜伏していることも発覚した。彼らを連れ戻してほしいとのセーリスの要請に応じて、アダムスはすぐに長崎に出発した。しかし、長崎では、脱走したイギリス人はすでにスペイン船とポルトガル船でそれぞれマニラとマカオに渡ったという情報を現地の友人たちから得た。アダムスは何も成し遂げられずに平戸に戻った。

アダムスが長崎に出かけているあいだ、セーリスはコックスからアダムスの日本人使用人の一人についての苦情を聞かされた。この使用人はミグエルと呼ばれていたので、キリシタンだったと推測される。アダムスたちが駿府に向けて出発した時に、ミグエルは平戸に居残り、イギリス人のための通訳や食料品の調達係を務めた。コックスが訴えるには、このミグエルは食料品調達の際に法外な手数料を自分の懐に入れていたということだった。

十一月十五日にアダムスはセーリスに呼び出された。コックス同席のもとで、アダムスの使用人による「不誠実かつ卑劣極まる行為」についての苦情を聞かされた。アダムスの使用人であるがゆえにイギリス人が彼を信用したにもかかわらず、彼はその信頼を裏切ってイギリス人を騙した。セーリスの日記によると、彼はそのことをアダムスに温和に告げたという。しかし、その書きぶりからは、件の使用人に対する軽蔑の感情が顕著に見て取れる。アダムスの使用人はイギリス東インド会社の社員ではなかったので、手数料を取ることは不当ともいえないように見受けられる。したがって、セーリスの批判は根拠が薄かったのではないか。

自分の使用人に対するこのような軽蔑の言葉をアダムスは非常に不快に感じた。怒りに震えたアダムスは声を荒らげてセーリスと激しい口論を繰り広げた。コックスはやっとのことで二人を引き離した。それまでの相互への不信感が一気に表面化した。しばらくのあいだ、二人は互いに口を利かなくなった。以後アダムスの使用人には食料品の調達をさせないようにとセーリスはコックスに命じた。

しかし、翌々日に、参府の道中に立て替えた金銭や浦賀で購入した商品の代金をコックスがアダムスに支払おうとした時に事態はさらに悪化した。アダムスはレアル銀貨での支払いを希望していたのにもかかわらず、コックスが支払ったのは日本の銀貨だった。日本の銀貨をレアル銀貨に交換する際、五パーセントの手数料がかかる。そのため、日本銀での支払いにアダムスは不満だった。しかし、セーリスはアダムスの要求を不合理であるとして聞き入れなかった。

二人のあいだの関係が悪化の一途を辿る一方で、平戸老藩主の松浦鎮信はセーリスを芸者でもてなした。前述の通り、この二人は気が合っていた。十一月二十六日にセーリスは商務員から成る委員会を開き、平戸でのイギリス商館の設立を決定した。この決定には平戸藩主との関係が大きく影響したのではないかと思われる。アダムスが熱心に推奨していた浦賀での商館設立はついに実現しなかった。

この決定はアダムスの期待に大きく背いた。合理的に考えても、イギリス商館を江戸のすぐ近くの浦賀に設立すれば、平戸藩主や長崎奉行の干渉を受けずに、幕府と直接やり取りができる。また、浦賀港での交易を促進したい家康からの厚遇も受けられる。江戸や畿内へのアクセスも良く、商品の販売もしやすい。浦賀を商館の地として選んだ場合、イギリス人はオランダ人やポルトガル人よりも有利な立場に立てる。そして、何よりも浦賀はアダムスの領地のすぐ近くに立地している。

平戸を商館の設立地として選んだことは、日本での長年の経験に基づくアダムスの合理的な助言をセーリスが無視したということになる。会社にとって極めて重要な決定だったにもかかわらず、セーリスは平戸藩主の厚意、そしてアダムスへの反感という個人的な感情を優先させたのだ。一九五六年にアダムスの伝記を刊行したフィリップ・ロジャーズによると、セーリスがアダムスの助言を拒絶したことが、日本におけるイギリスの貿易事業を最初から破滅に導いたという。正鵠（せいこく）を射（い）た指摘である。江戸から遠く離れた平戸では、すでに堅固な基盤を築きつつあったオランダ人との競争においてイギリス人はなす術がなかった。

†訪れた帰国の機会

二週間が経過したところ、アダムスはふたたびセーリスに呼び出された。コックスやほかのイギリス人商務員のいる前で「この船で帰国するか、それともこの国に留まるのか」とセーリスは素気無くアダムスに尋ねた。「帰国することを希望している」とアダムスは答えた。ところが、「私と一緒に帰るか」というセーリスの問いかけに対してはアダムスは固く断った。その理由として、領地を拝領したものの、現金はあまりもっておらず、自由の身になった今、帰国する前に少しばかり現金を貯めたいという。

しかしながら、イギリス東インド会社本部宛の手紙で、アダムスは真の拒否理由を挙げている。それは、セーリスからさまざまな侮辱を受けたためだという。イギリス人のために尽力したアダムスにとって、セーリスの態度は思いがけないものだった。故郷までの長い旅でこのような無礼な人と同行することはアダムスには考えられなかった。

とはいえ、現金の不足にも多少の真実性があったと思われる。家康の側近としての日本での地位を捨てて、母国イギリスに戻れば、アダムスは一介の船乗りに戻ってしまう。せめていくらかの現金を用意してからでないと帰りづらい。まして、十三年間日本で暮らして、愛する日本の妻と子供もいる。それらをすべて手放して帰国するにしても、金銭的にも精神的にもそれなりの準備期間が必要だったのだろう。

帰国してイギリスの妻子と再会することは、アダムスにとって心からの願いだったとしても、アダムスの置かれた立場からすると現実的ではなかった。帰国を実現させることよりも、いつでも帰国できるという自由な状態でいることの方が彼にとって重要だったように筆者は感じる。前述の通り、この自由への強い拘りはアダムスの著述から顕著に表れている。

†雇用条件の交渉

日本に居残るという意向を知ったセーリスは、続いてアダムスに向かって、「イギリス東インド会社のために働きたいか」と尋ねた。いくらアダムスと気が合わないにしても、日本での影響力を考慮すると、アダムスを会社に引き込むことが得策であるとセーリスは考えたのだろう。一方、現金を必要とするアダムスにとっても会社のために働いて、給料を得ることは願ってもない良い話だった。それゆえ、アダムスはセーリスの提案に頷いた。

セーリスはさっそく雇用の条件についての協議に入った。この交渉でセーリスが持ち出したのは、アダムスのイギリスの妻に対して会社が貸した二十ポンド（現代のお金で約百六十万円）のことだった。以前にアダムスが日本にいることを知った妻は困窮していたため、会社からお金を借りることを願い出て、二十ポンドを会社から借り受けていた。この会社の慈悲深い行為に対して、アダムスは複数の手紙で深い感謝の意を表している。

この借金を帳消しにする代わりに会社のために尽力してほしいとセーリスは切り出す。これにはアダムスは乗らない。感謝を示しながら、利息については将来的に支払う約束をした上で、元金を後日支払うことにした。実際に、クローブ号が出発した直後に支払っている。

妻の借金の件を交渉に利用できなくなったセーリスは、次に給料の交渉に入った。年俸でいくら欲しいのかとアダムスに尋ねた。年俸ではなく月俸で雇用されたいとアダムスが言うと、会社の雇用は基本的に年俸でしか支払われないとセーリスは返した。それでもアダムスは月俸に拘った。その理由は、早い段階で報酬を受け取りたかったからだ。年俸だと、支払いは雇用されてから一年後に行われる。アダムスは一年ものあいだ報酬が支払われないという状況を避けたかった。彼は月ごとの確実な支払いが欲しかった。

契約の取り決めへの糸口を探ろうと考えたセーリスは、いったん折れて、「仮に月俸なら、いくら要求するのか」と尋ねた。「これまでは月俸十五ポンドで他国に雇用されたが、イギリス人には十二ポンドを要求する」とアダムスは答えた。アダムスの条件を聞いたセーリスは、部屋から出てしばらく待っていてほしいとアダムスに頼んだ。

いったん部屋の外に出たアダムスは、しばらくしてふたたび中へ呼ばれた。セーリスはあらためて年俸八十ポンド（約六百四十万円）を提案したが、アダムスはふたたび断った。アダムスは複雑な気持ちだった。給料の額が折り合わない一方で、それだけの高額な給料に見合うような利益を会社が日本で上げるのは相当難しいのではないかとも思った。それゆえに、高い給料をもらって会社のために働くことには気が引けた。なにより、縛られたくない。というのも、オランダ人やスペイン人が日本で貿易を行っている環境で収入を得る手段はほかにもあった。むしろ、そちらの方がアダムスにとっては気楽に感じられた。

このようなことをアダムスはイギリス東インド会社本部宛の手紙で書いている。こちらの方がアダムスの真の気持ちを表していると筆者は考えている。日本で大きな利益を上げるためには中国産商品の供給が必要だったにもかかわらず、セーリスは利益の薄いイギリス産商品の販売を推し進めようとしていた。その上、セーリスは幕府よりも平戸藩主を尊重し、商館も浦賀ではなく平戸に設置することにした。

このような方針のもとでは会社が日本で大きな利益を上げられるはずがないとアダムスは予測した。自分の助言がことごとく無視されるという状況下で高い給料を受けることについてアダムスは釈然としなかった。それよりも、自分の助言を尊重してくれて、日本で十分な利益を上げることのできるオランダ人やスペイン人から利益の一部を報酬として享受し、自由な立場でいることの方がアダムスの性に合っていた。だが、その一方で、母国の役に立ちたいという気持ちもあった。

ところが、セーリスはこのアダムスの気持ちをまったく理解していなかった。単にアダムスが交渉を有利に進めようとしているだけだと解釈した。彼はアダムスに年俸八十ポンドの上に妻の借金の帳消しを提案した。アダムスはそれに乗らずにはっきりと断った。互いの意見が平行線を辿ったまま、ジレンマから抜け出せないアダムスは一晩考えたいと思うようになった。翌日に確定的な回答をすると約束した上で、アダムスは帰った。

翌朝、セーリスはアダムスをふたたび呼び出し、その決心について尋ねた。だが、アダムスの意思は前日と変わっていなかった。ここでセーリスは堪忍袋の緒が切れて、会社からできるだけ高い給料を引き出そうとしているだけではないのかとアダムスを責め立てた。アダムスはそれを強く否定した。アダムスがためらっていたのは、現状では会社が利益を出せないことを確信していたからだった。

そこでむきになったセーリスは、さらに説得に動いた。彼は年俸百ポンド（約八百万円）を提示した。もうこれ以上断れないと思ったアダムスはついに折れて承諾した。

雇用期間は、アダムスが提案した北西航路探検計画に対する返答がイギリス東インド会社本部から届くまでと取り決められた。クローブ号がイギリスに渡航するのに一年間、本部からの返答が来るまでさらに一年間かかるので、約二年間の雇用となる。イギリス東インド会社の規則に従って個人貿易は許されず、給料の支払いは二年後に行われるので、アダムスは二年のあいだ収入がない。それはあまりにも先のことになるので、服や必需品の購入のために、セーリスは二十ポンドを貸すことを提案し、それにアダムスが同意した。

アダムスの雇用契約の交渉について二種類の記録が現存している。一つはアダムスとイギリス東インド会社とのあいだで交わされた契約書そのものである。契約書には交渉の内容が詳細に記録されているが、アダムスがためらっていた理由は示されていない。交渉内容だけをみると、アダムスができるだけ高額な給料を引き出すために非常に巧みに交渉を進めたという印象を受ける。先行研究でもこの側面が強調されてきた。

もう一つの記録はアダムスから送信されたイギリス東インド会社宛およびトーマス・ベスト宛の二通の手紙である。この二通の手紙の中で、アダムスは雇用されるならば、オランダ人から受けたのとほぼ同等の給料を得たいと思う一方で、高額な給料で会社の負担になりたくないという悩みを説明し、その悩みが契約内容になかなか同意できなかった理由の根源だと記している。現存する史料から汲み取れるアダムスの性格に照らし合わせると、アダムス本人による説明が真実だと筆者は確信している。

†セーリスの帰国

アダムスとの契約を結んだ後、セーリスは平戸でイギリス商館を設立し、アダムスを含む八人のイギリス人および三人の日本人の通訳を平戸に在留させた。商館長にはコックスを任命した。裕福な家系に生まれたコックスはこの時すでに四十九歳で、アダムスとほぼ同い年だった。イギリス東インド会社に就職する前に、コックスは毛織物の商人として活躍し、スペイン国境近くのフランスの町バイヨンヌに駐在し、毛織物貿易の傍らスペインの動向に関する情報収集活動を行っていた。商人としての経験とスペイン語の知識が買われ、イギリス東インド会社に雇用された。セーリスの指揮下でイギリスを出発し、アジアへ赴き、日本に赴任した。コックスが商館長として適任だったのかについては判断が難しい。非常に気さくな性格で、誰とでもうまく付き合えた。あのセーリスとでさえ。他方では、平戸に寄港するイギリス船の気の荒い水夫たちを統制したり、すでに平戸で基盤を築いていたオランダ人との競争に打ち勝つ、といった任務には力不足の人材だった。

このように、セーリスには人を見る目はあまりなかったようだ。特にアダムスについての評価は非常に低かった。日本を去る前にコックスに渡した覚書の中で、アダムスを信用しないように警告している。セーリスによると、アダムスは無能であり、唯一適しているのはジャンク船の舵手、あるいは宮廷での通訳のみだという。また、その場合でも要注意人物だ。なぜなら、同胞よりもオランダ人やスペイン人の方を好んでいるからだ。なお、金銭も任せてはいけない。というのも、金銭に目がくらむ嘘つきだからだ。セーリスによるアダムスの評価を簡単にまとめると、このようなものになる。

だが、セーリスの日記やアダムスの手紙の内容をみる限り、この評価は不当である。イギリス人が日本での貿易に関して各国の中でも最も有利な条件を獲得できたのはアダムスの尽力のおかげだった。会社との契約前には、日本での案内や貿易に関する助言、交渉の仲介などをアダムスはすべて無報酬で自発的に行った。個人的な好き嫌いの感情に基づいたセーリスのアダムス観は実像とかなり乖離している。

また、オランダ人のアダムス観とも大きくずれている。オランダ人はアダムスがイギリス東インド会社との契約を結んだことを非常に悔しがっていた。アダムスも手紙で証言している通り、オランダ商館のために働いていた時にオランダ人は彼に給料を支払い、またオランダ東インド会社本部はイギリスにいる彼の妻にも送金していた。オランダ東インド会社総督ヘラルツ・レインストは一六一五年十月二十六日付の手紙でオランダ本部に対して、アダムスがオランダの使節に多くの尽力と友情を示してくれたことを讃えると共に、今後アダムスがその尽力をイギリス人に振り向けることによってオランダ人の貿易に大きな損害がもたらされるだろうとの予想を伝えている。このような記述から、オランダ人はセーリスと異なり、アダムスの能力を非常に高く評価していたことが読み取れる。

他人のある行為を批判する人は、たいていその批判対象としている行為を本人自らが率先してやっているものだ。セーリスも例外ではなかった。セーリスは一六一四年九月二十七日にイギリス南部の港町プリマスに到着しているが、任務中に禁止されていた個人貿易に手を染めていたことが帰国後に発覚した。しかも、個人貿易で得た香辛料の量は、クローブ号に積載されていたイギリス東インド会社の分を上回るほどだった。また、セーリスからひどい扱いを受けたという苦情が複数の乗組員から寄せられた。

さらに、セーリスの荷物から複数の春画が見つかった。これは当時の厳正主義のイギリスで大きな騒ぎを起こした。評判を落としたイギリス東インド会社はそれらの春画をセーリスから没収して、公衆の面前で燃やした。セーリスが犯したさまざまな不正について数ヶ月に及ぶ詳細な調査が行われ、裁判が開かれた。有罪が確定したが、会社のために日本での費用の一部を自費で賄ったことと、日本で有利な貿易条件を獲得した功績が考慮され、結局、許された。また、個人貿易で獲得した商品を没収した代償として相当金額の現金が支払われた。セーリスはその後、名家の女性と結婚し、一六四三年に死亡するまで裕福な生活を送った。

第六章

江戸の国際摩擦とアダムス

私は将軍どころか奉行とさえ話をすることができなかった。すべてのことはあまりにも大きく変わってしまった。

（ウィリアム・アダムスからジャック・スペックス宛の手紙、一六一六年十一月十四日）

†イギリス商館への奉仕

セーリスが平戸を去ってから、コックスはイギリスの商品を販売するための拠点を日本国内各地につくりはじめた。そのために、ウィリアム・イートンを大坂に、リチャード・ウィカムを駿府と江戸に派遣した。彼らは派遣先の地で宿主（やどぬし）と呼ばれる地元の商人の家に泊まり、その商人の助けを得て商品を売買した。また、江戸滞在時にはウィカムはアダムスの屋敷に泊まった。

アダムスは平戸と各拠点とのあいだを往復し、手紙や現金の受け渡しを担当した。また、各地で地元の商人とのやりとりの仲介と助言も行った。さらに、アダムスのみならず、彼の使用人たちもたびたびイギリス商館に奉仕をした。コックスと各商館員とのあいだの文通からは、アダムスが責務をきちんと果たしていたことが分かる。それでも、同僚たちとの関係は時に和やかにいかないこともあった。

とりわけ、アダムスとウィカムとのあいだはあまりうまくいかなかった。アダムスに対して親切な態度を取り、くれぐれもアダムスと口論にならないようにとコックスは一六一四年一月付の手紙でウィカムに忠告している。イエズス会士とのやりとりでもみられたように、ひとたび口論になるとアダムスは引かない性格だった。

ウィカムはアダムスを信頼していなかった。ある時、コックスがアダムスの助言に従って、毛織物を船で江戸に送ったが、逆風や事故のためその到着は三ヶ月も遅れた。一方、オランダ人は毛織物を陸路で運搬させ、イギリスの毛織物よりも二ヶ月以上早く江戸に到着した。イギリスの毛織物がようやく江戸に届いた時には、オランダ人が販売する毛織物が順調な売れ行きをみせたことにより市場はすでに飽和状態となり、需要は底をついていた。オランダ人を儲けさせるためにアダムスがわざと海路による運搬を勧めたのではないか。ウィカムはそのように一六一四年五月二十二日付の手紙でコックスに訴えている。もちろん、これは根拠のない主張だった。

そのような緊迫した関係にもかかわらず、アダムスの仲介のおかげで、家康がイギリス人から六千六百五十五匁(約千三百万円)分の毛織物を購入した。家康はほかにもイギリス人から大量の鉛を仕入れた。鉛は鉄砲玉や砲丸を作るために使われていた。さらに、大砲と火薬の仕入れも検討し、アダムスの仲介の下で六月頃に購入に踏み切った。同じ時期に家康はヨーステンを通じてオランダ人からも武器や鉛の購入を進めた。この時点で家康と秀頼との関係はまだこじれていない状況にあった。だが、家康は秀頼との戦争を見据えて、軍需品の調達に乗り出したのだろうか。

それとも、キリシタンの反乱を恐れていたのだろうか。一六一四年一月三十一日に禁教令が全国に公布された。長崎と京都の教会が破壊され、宣教師は国外追放となった。それにもかかわらず、宣教師たちは潜伏して布教活動を続けた。

当時のオランダやイギリス側史料によると、市井では反乱や戦争が起こるという不穏な噂が広がっていたが、この時アダムスは別のことに熱中していた。七月二十日に大坂から平戸に戻ったアダムスはそこでジャンク船の装備に取りかかった。コックスは日本とシャムとのあいだの貿易を確立させるために、このジャンク船でウィカムをシャムに派遣する予定だった。アダムスも船長として乗船することになった。ようやく自分の技術を生かせる機会が到来したので、アダムスはこの渡海を非常に楽しみにしていた。

アダムスはジャンク船の購入にも関わっていた。この時、ヨーステンはちょうどシャムへの渡航から戻ってきた。コックスはヨーステンのジャンク船を購入しようと考えた。なぜなら、シャムへの渡航を問題なくこなせる非常に頑丈な船だったからである。しかし、アダムスに意見を聞いたところ、アダムスはヨーステンが信用できないという。この助言を受けて、コックスは結局千ポンド（約八千万円）を投入して別の少し古いジャンク船を購入することに決めた。結局、ヨーステンの船はオランダ人が購入した。

†琉球での波乱

コックスが購入したジャンク船はシー・アドベンチャー号と命名された。彼はこの船でのシャム渡航に大きな期待を寄せていた。コックスはウィカムに千二百五十ポンド分の現金を渡し、シャムで蘇木（そぼく）や鹿皮、生糸、絹製品を購入するよう指示している。一方、日本の鎧甲、火縄銃、薙刀（なぎなた）、刀などをシャム王や高官への贈物として船倉に積み込んだ。

唯一の懸念材料はアダムスとウィカムとのあいだの不和だった。ウィカムへの指令書の冒頭で、コックスはくれぐれもアダムスを怒らせないようにと忠告している。とにかく我慢して、親切に振る舞ってほしいと切望している。

シー・アドベンチャー号の船長兼舵手のアダムスおよび商務員ウィカムのほか、商務員エドムンド・セイヤースも乗船した。さらにアダムスの友人でイタリア人のダミアン・マリーニおよびスペイン人のファン・リエバナもそれぞれ船員と乗客として乗船していた。確証はないが、この二人はビスカイノの船から脱走した者たちだったと推測される。マリーニは有能な舵手だったらしい。その関係でアダムスと親しくなったのだろう。

ほかに日本人水夫や客商として乗船する日本人商人も含めて、ジャンク船に乗船した人数は百二十人ないし百三十人に上った。

出帆の準備を進めているあいだに家康が大軍を率いて、秀頼の居城である大坂城に接近し、あちらこちらで小競り合いがすでに始まっているという情報が平戸に届いた。家康の勝利を祈りながら、アダムスは航海が順調にいくようにとの希望を胸に一六一四年十一月二十八日にシー・アドベンチャー号の錨を上げさせ、平戸を出帆した。

しかし、シー・アドベンチャー号の航海は最初から不運の連続だった。出帆後すぐに逆風のため進めなくなり、平戸の少し南に位置する河内浦（現川内）に余儀なく停泊した。河内浦で順風を待つあいだに、シー・アドベンチャー号に数カ所の水漏れがあることが発覚した。問題ないと判断したアダムスは水夫たちに水漏れ箇所を塞ぐよう指示した。

三週間が過ぎて、十二月十七日にようやく風向きが変わり、アダムスは午前五時に出帆するよう指示を出した。五島の南を通過したところで、アダムスは針路を南西方向に向けた。ところが、出発した直後からふたたび船のあらゆる箇所で水漏れが起こり、水夫たちは昼夜海水の汲み出しに追われた。十九日には嵐に見舞われ、水漏れがさらにひどくなった。絶えず海水を汲み出さなければならない水夫たちも疲れ果てていた。過労から倒れる水夫が続出し、働ける水夫は十五人しか残っていなかったという。

この様子を見た客商たちは恐怖に陥った。彼らは、有名な舵手アダムスの船に乗り、安心し切っていただけに、このずさんさに大変驚いたのだろう。こんな老朽船に乗せて自分たちを溺死させるつもりかと言って騒ぎ出した。客商は水夫と一緒になって、針路を中国方面から琉球方面に変更するよう迫った。中国海岸まで辿り着けると信じていたアダムスは当初拒んだ。ところが、水夫たちは海水の汲み出しをやめると脅してきた。状況の深刻さを認識したアダムスはようやく折れて、琉球へ針路を変え、二十二日の夜中に奄美大島の北西に位置する浦に入津した。

水夫たちはさっそく水漏れ箇所を探し、補修作業に着手した。しばらくすると、奄美大島の代官が大勢の随員を伴って船に乗り込んできた。友好的な態度を示しながらも、琉球の主要港である那覇へ移るよう勧告した。これを受けて、アダムスは那覇に向けて出帆し、二十七日に無事に到着した。

二十九日に首里に居住する琉球国王・尚寧から積荷を陸揚げする許可を得たアダムスはさっそく船体を陸に上げて、水漏れ箇所の修復の準備に取りかかる。ところが、水夫たちはなかなか言うことを聞いてくれない。このため修理作業は士官たちだけで行う羽目になった。さらに、地元の人々も修理に必要な材料を供給するのをためらっている。いざ提供されたものは、極めて粗悪な品質で使い物にならない。

この問題を解決するためにアダムスは二人の使者に手紙を託して、首里に派遣した。一週間後の一月十五日に琉球国王の代官がようやく那覇に到着し、必要な材料を調達できるように手配してくれた。とはいえ、すでに多くの時間を失っている。アダムスは季節風の向きを気にしていた。時期を逃せばシャムへの渡航ができなくなる。このままだと間に合わない。

一月二十五日に水漏れ箇所の修理はほぼ完了した。翌日にアダムスは大急ぎで出帆の準備に取りかかった。しかしこの時、深刻な問題が浮上した。那覇で足留めされている状況に不満をもった水夫たちがアダムスに賃銀の前払いを要求してきたのだ。アダムスはそれを堅く断った。なぜなら、賃銀の半分はシャムに到着した時に、そしてもう半分は平戸に戻った時に支払うとの約束だったからである。

そこで、客商たちも水夫の肩をもって、計画よりも長い渡航になったので、賃銀の一部を先に渡して上げてほしいと懇願した。しかし、アダムスは会社の規則に背くべきではないと考え、頑固に断り続けた。翌日も客商たちやウィカムとの協議が続いた。この賃銀請求騒動を扇動したのは甲板長と数人の反乱者だった。怒り狂ったウィカムは、絶対に彼らと一緒に渡航しないと主張するので、それらの反乱者を船から降ろすことにした。

それでも問題は解決しなかった。ほかの水夫たちも賃銀の前払いがなければ、船に乗らないという。水夫たちなしでは航海ができないので、アダムスはとうとう折れて、賃銀の半分を支払った。これでようやく渡航の準備に取りかかれる条件が揃ったが、アダムスの思い通りには進まなかった。

このような緊迫した状況の中で、アダムスのもとに良い知らせが届いた。大坂の陣から逃れてきた武将が一月二十一日に那覇に辿り着いた。その武将によると、家康が勝利を収めたという。このような形で冬の陣の終結が沖縄まで伝わった。この知らせを聞いて、アダムスは心より喜んだ。

†那覇での騒動

二月十一日に出帆の準備が整った。しかし、その後の数日間は暴風が続き、出帆できなかった。この時点で季節風を利用できる時期はすでに逃してしまっていた。十六日にアダムスは士官から成る委員会を招集し、渡航について協議した。出帆を延期すると共に、シャムへの渡航は断念して、日本に戻ることが決議された。

十八日にアダムスは国王の秘書官からの訪問を受けた。那覇で船の艤装をしてはならず、三ヶ月以内に出帆しなければならない。そう命じられたアダムスは、唖然として何も言えなかった。

その後いつまで経ってもイギリス船は出発する様子をみせない。このことを気にかけた那覇の奉行が十九日にアダムスの宿泊先を訪ねてきた。日本に戻るのか、それとも当地で次の季節風を待つのかと尋ねられた。アダムスは返答に困った。薩摩藩の船で平戸にいるコックスに手紙を送ったが、まだ返事が来ないと言った。

二日後に首里から琉球国王の使者が訪ねてきた。彼は、奄美大島へ移るようアダムスに要求した。なぜなら、三ヶ月後に中国からの船が来航する予定で、アダムスのジャンク船が停泊していることを知ったら、二度と那覇に来航してくれないかもしれないからである。毎年五月頃に来航するこの一隻の中国船に那覇の人々の生活がかかっていた。

しかし、このような状況で出帆することが危険だと分かっていたアダムスは、この要求を受け入れるわけにはいかなかった。「陸上であろうと、海上であろうと、どこで死んでも私は構わない。しかし、百二十人ないし百三十人に及ぶ乗客と船員には情けをかけてほしい」。このようにアダムスは回答した。

アダムスからこの回答を受けた使者はさらなる説得を試みることは諦めた。あとは、平戸へ戻る機会が訪れるのを待つのみだった。アダムスにできることは何もなかった。北風の吹く荒れた日が続いた。毎日風向きを確かめながら、ただただ憂鬱な気分で歩き回った。

こうした状況に辛抱し切れなくなってきた者も多かった。アダムスの友人マリーニは毎日のようにウィカムと喧嘩していた。水夫たちの士気もどんどん下がっていた。三月五日になると、とうとう水夫と客商とのあいだに大喧嘩が起こった。武器を取り出して、那覇の市場(いちば)のところで戦い始めた。驚いたアダムス、ウィカム、セイヤースがあいだに入って、双方を引き離した。説得を重ねて、ようやく喧嘩が収まった。運良く流血事件には至らなかった。

ところが、ここで、アダムスの友人である客商の庄兵衛が、水夫たちを制圧するために槍、薙刀、弓矢で武装した十六人ないし二十人を連れて市場に到着した。最悪の事態を避けたいアダムスは冷静に対処し、立ち向かおうとする四十人ほどの水夫を説得して引き止め、その場をなんとか収めた。

ただ、水夫と客商とのあいだの喧嘩はこれで終わらなかった。それからアダムスは毎日双方との調停に奔走する羽目になった。船の出帆を気にかける余裕もなくなった。

一方、那覇の町での騒動が首里にも知られてしまった。ついに十五日に首里から長官が兵を率いて到着した。兵士を前にして喧嘩の当事者たちはようやく静かになり、喧嘩をやめる合意に達した。アダムスは首里に事態を伝えてくれた町の役人たちに礼を言った。

こうして一件落着して、安堵したアダムスは陽気になった。彼の考えはふたたび出帆の準備に向けられた。船を当地で艤装するのか、それとも五島に戻るのか。士官たちと協議はしたが、明確な答えが出なかった。

苦しい現実に立ち戻ったアダムスはまたも憂鬱になった。二十四日に、琉球国王の尚寧からの招待を受けた。首里の町を見物した上で宴会に出席してほしいとのことだった。アダムスはこの状況でそのような悠長な娯楽にはまったく興味がなかった。「我々の船を当地で艤装する許可が得られないのなら、町を見物しても全然楽しくない」と彼は返答した。

そうしているあいだにマリーニとウィカムは仲直りした。二十六日はイースターだった。この日をアダムスたちは陽気に過ごした。ただ、水夫たちの反乱の首謀者だった男がふたたび仲間を集めて暴動を起こそうとしていた。その夜、庄兵衛はその男を殺害した。彼の死を嘆く者は誰もいなかったという。二日後に首里での宴会に参加した庄兵衛は、尚寧にもてなされた。彼は夜に那覇に戻ってきた。

これで問題は解決されたように思われたが、水夫たちとのもめごとはその後も続いた。二人の水夫がその不良行為のために現地の当局に拘束された。アダムスは二人を解放してもらうために尽力したが、琉球の法で裁かれることになり、首里へ連行された。もう一人は窃盗のため士官たちによって拘束され、死刑を宣告された。アダムスはそれを容認せず解放させた。同様の事件が後を絶たず、その処理にアダムスは精一杯だった。

四月二十一日に出帆の準備ができ、アダムスは日本に向けて出発しようとしたが、水夫たちは乗船しようとしなかった。水夫の多くは賃銀を使い果たして、地元で借金までした者もいた。彼らはアダムスにお金を貸してくれるよう頼みに来た。そのようなお金を持ち合わせていなかったアダムスは拒む。しかし、水夫たちの借金を支払わなければ、出帆することができない。アダムスは最大限の努力をし、その後折り合いをつけたようである。これらのやっかいごとによって出帆がまたも遅れた。

このような状況の下でアダムスの感情も高ぶった。ウィカムとの言い争いもたびたび起こるようになった。ついに五月七日にウィカムと大喧嘩になった。アダムスが会社の利益のために最善を尽くしていないというウィカムの非難にアダムスは激しく反論した。ウィカムによると、アダムスはマリーニの個人貿易を許したという。マリーニを証人として呼び出した上でアダムスはそれを否定した。これに対してウィカムは反論できなかった。これで両人のあいだの喧嘩はいったん休戦となった。

アダムスの知らないところでマリーニは確かに個人貿易に手を染めていた。このことは後になって判明した。そして、アダムスを非難していたウィカムも実はかなりの量の個人貿易を行っていた。そのことも後に露見した。

アダムスがもう一度出帆の準備に取りかかったところ、家康と秀頼とのあいだにふたたび戦争が起こり、今度は家康が負けるのではないかとの知らせが届いた。大坂夏の陣に突入する直前のことである。この知らせを聞いたアダムスの胸は不安でいっぱいになった。

五月二十一日にシー・アドベンチャー号はようやく那覇を後にした。二十七日に五島、六月十日に平戸近くの河内浦に投錨した。無事に帰れたことをアダムスは神に感謝した。

✝家康からの召喚

アダムスたちが河内浦に到着した翌日、商館長コックスが出迎えに来た。コックスはアダムスに非常に喜ばしい知らせをもたらした。大坂の陣に徳川方として参加した平戸藩主の松浦隆信からの手紙が数日前に届き、その手紙には、家康が大坂城を攻め落とし、秀頼と淀君が自害したと綴られていたという。

平戸藩主の手紙が届いた二日後、アポロナリオというフランシスコ会士が平戸に逃げてきた。大坂城落城の際に彼はその城内にいたという。アポロナリオの話によると、落城はあっという間の出来事で十二万に及ぶ秀頼の軍勢がこんなにも早く敗北するとは予想していなかったので、彼はすべての持ち物を捨て置いて逃げてきた。大坂の陣の際、大坂城内に二人のフランシスコ会士と二人のイエズス会士、一人のアウグスティヌス会士がいたという。

命の恩人である家康が勝利を収めたことを聞き知って、アダムスは非常に喜んだ。もしも秀頼が勝てば、大坂城で秀頼に協力したカトリック宣教師の影響力が増し、アダムスの身も危なかったに違いない。

シャムへの渡航は失敗に終わったが、ジャンク船で無事に戻れたことだけでも不幸中の幸いだった。それでも、イギリス商館の人々は今回の失敗をアダムスのせいにしていた。「アダムスがヤン・ヨーステンの敵でなかったら、ヤン・ヨーステンのジャンク船を購入したはずだ。そのジャンク船を使っていたら、渡航を無事に成し遂げ、水漏れに悩まされることはなかっただろう」というイギリス人の苦情をオランダ商館員エルベルト・ワウテルセンはスペックス宛の一六一五年七月十三日付の手紙で書き留めている。

ただ、アダムスに対する苦情はシャム渡航の失敗のことだけに留まらなかった。アダムスが平戸に戻った直後に、彼の宿主・弥三右衛門とコックスの使用人とのあいだに揉め事が起きた。さらに件の使用人とオランダ人とのあいだにも揉め事があった。コックスがアダムスに苦情を訴えた時に、アダムスは弥三右衛門をかばい、自分の命と魂をかけて彼の誠実さを保証した。この態度はイギリス人に快く受けとめられなかった。「アダムスはイギリス人よりも弥三右衛門の方を尊重している」とコックスは日記に綴っている。そして、「アダムスは同胞であるイギリス人よりもはるかにオランダ人の方を友としているという ことを私のみならずイギリス人全員がそう思っている」と続ける。

このような気まずい雰囲気からアダムスを一時的に解放してくれたのは新たなイギリス船の平戸来航だった。ラルフ・コペンデール船長の率いるホジアンダー号は一六一五年八月三十一日に河内浦に到着した。年に一度、船が到着すると、家康のところに謁見に行くのが通例だったので、コペンデールがアダムス、ウィカム、イートンと共に家康の滞在している京都に参府することが決定された。

準備に取りかかろうとしたところ、家康からアダムス宛に手紙が届いた。至急家康のもとに来るようにとの内容だった。理由は記されていなかったが、琉球の情報を得るためだろうとアダムスは推測していた。家康からの召喚を受けてアダムスの傷ついた自尊心がいくらか慰められたことだろう。

九月十一日の朝にアダムスはコペンデール一行と共に京都に向けて出発した。ところが、京都に到着したところ、家康はすでにその地を後にして駿府に向かったことが分かった。アダムスは家康に追いつくために、コペンデール一行と行動を共にせず、先に進んだ。

†国内で発生する国際衝突

家康のもとに到着したアダムスは召喚の理由を聞かされた。ヌエバ・エスパーニャ（メキシコ）の使節団を乗せた船がスペイン国王フェリーペ三世の親書を携えて浦賀に来航した。この親書には貿易についての言及はなく、宣教師の保護の要求のみが記されていた。禁教令を布告した家康にとって受け入れ難い内容だった。その上、使節団の団長ディエゴ・デ・サンタ・カテリーナをはじめ、団員たちは国外追放したはずのフランシスコ会士だった。

家康がアダムスを召喚した理由は、この使節に対して幕府の禁教方針を説明させるためだった。家康は宣教師をすでに国外に追放していて、その方針を変えるつもりもなかった。それゆえ、この使節も国内から退去させることになる。このスペイン船の来航以前に、日本人を含む異国人に対してヌエバ・エスパーニャでの貿易が禁止されたという情報が家康の耳に入った。この情報を聞いて、家康はスペインとの外交を打ち切ることを決めた。このようにコックスは一六一五年十二月六日付の手紙で記している。

アダムスはさっそく浦賀に赴き、団長のカテリーナに禁教令の趣旨を伝えた。その後、カテリーナには家康への謁見が許されたが、謁見は惨めなものだった。家康の前に出て、平伏して、ふたたび退出するのみの儀式であった。スペイン国王の親書、贈物やスペイン人の要求には一言も触れられなかった。カテリーナはしばらくのあいだ捕虜の身になった後、国外追放された。

家康がアダムスに相談する事案はスペイン使節のことだけではなかった。この年の八月にオランダ船が日本近海の女島付近で拿捕したサント・アントニオ号というポルトガルのジャンク船を引き連れ平戸に来航した。平戸オランダ商館長スペックスは拿捕の経緯を説明するために家康に書状を送付した上で、その後自ら京都に赴き、拿捕の正当性を訴えた。

その主張によると、一六〇九年に成立した停戦協定をスペイン人とポルトガル人が守っておらず、モルッカ諸島などでオランダ人に対する大規模な攻撃を行った。その報復措置として、オランダ人は、海上でイベリア諸国の船と遭遇すれば、それを拿捕しなければならないという命令をマウリッツ王子から受けた。それゆえに、今回女島付近で拿捕されたポルトガル船を戦利品としてオランダ人に与えてくれるようにとスペックスは家康に請願した。

一方、長崎にいたポルトガル人は、拿捕が日本近海で行われたゆえに日本の領土を侵害する違法行為であるとし、拿捕船の返還を要求した。

サント・アントニオ号事件をめぐって、幕府内に二つの派閥ができた。その内の一方の長崎奉行・長谷川藤広は、ポルトガル人の肩をもち、ジャンク船の返還を強く求めていた。もう一方の派閥としてオランダ人を擁護していた平戸藩主・松浦隆信は、特別な骨折りと尽力をして、同ジャンク船の保持のために熱心に弁明した。この件について隆信と藤広とのあいだに大喧嘩が起きたという。

アダムスが駿府に到着する前に、家康はすでにこのジャンク船を戦利品としてオランダ人に認めていた。アダムスが駿府に着いた時、家康はこの事件を話題にした。家康はまず、スペイン人とオランダ人のあいだにそのような憎しみがなぜ存在しているのかとアダムスに尋ねた。ヨーロッパでは休戦中であるのに、アジアで敵対行為を行っているのが家康にはどうしても腑に落ちなかった。

アダムスは次のように答えた。「近年、イギリス王やそのほかの君主の仲介により、スペインとオランダが友人になったことは事実だが、それにもかかわらず、スペイン王はフィリピンやアジアのほかの地域に足場を築いているため、この地域においてほかのキリスト教の国々よりも権利があると考え、ほかの国々がこの地域で貿易することを武力で妨げようとしている」。

家康は頷き、「スペイン人にはそのような根拠がない」と言った。アダムスの答えに誘導された家康は、サント・アントニオ号事件がスペインとオランダとのあいだの戦争に起因するものであり、介入しない方針を貫いて、日本の中立を守ることにした。

だが、この時期に日本の領土内で起こった国際衝突はこの二件に留まらなかった。駿府にいるあいだにコックスから一通の手紙が届いた。アダムスの友人であり、琉球での遭難時に一緒だったイタリア人のダミアン・マリーニおよびスペイン人のファアン・リエバナが長崎でポルトガル人に捕まったことを知らせるものだった。

両者は、イギリス人に雇用されたことが発覚したため、長崎でポルトガル人によって捕虜にされ、停泊していたカラック船に監禁された。この事実を知らされたコックスはカラック船の船長に手紙を認め、彼らはポルトガル人の管轄ではなくイギリス人の管轄であるから、解放するよう要求した。また、この件に介入してくれるよう、前述の長谷川藤広と共に長崎奉行を務めていた長谷川権六にも手紙を送付した。しかし、コックスの手許に届いたのは、カラック船の船長からの侮辱的な手紙と、介入できないことを言い訳する権六からの手紙であった。

二人を解放させる最後の手段として、コックスは、この件を家康に報告してくれるようアダムスに頼んだ。そのあいだにポルトガル人は二人に対してすでに死刑宣告をし、司祭が彼らの告解を聞いた。ポルトガル人は今回の処刑を正当化するために、二人が母国に対する反逆の罪を犯したことを証明する裁判記録を権六に渡した。しかし、権六は処刑の執行を止めさせて、家康の裁決を待つことにした。

友人の命が危ないと知らされたアダムスはただちに家康のもとへ赴き、家康から二人の解放を命令する書状を得た。こうして、この事件もまたイベリア人の意向に反する形で終結した。

一方、コペンデールの謁見は大成功を収めた。ポルトガル人とスペイン人が数ヶ月間待たされていたのに対して、コペンデールは駿府に着いてからわずか二日後に謁見をなし遂げた。謁見は非常に和やかな雰囲気で行われた。これらはすべて家康に対するアダムスの影響力のおかげであった。

†シャムへの渡航と家康の死去

謁見が済み、駿府から出発しようとしたアダムスは家康に引き止められた。もうジャンク船に乗らずに日本に留まってほしいと家康はアダムスに向かって懇願した。驚くアダムスに対して家康は、知行が不十分であるならば加増するとまで申し出た。しかし、「イギリス東インド会社との契約を結んでいるからには、約束を果たさなければ不名誉になる」

とアダムスは答え、家康の申し出を断った。

このように年を重ねるごとに家康からの寵愛は増す一方だった。しかし、責任感の強いアダムスはイギリス商館への責務を最後まで果たさなければならないという使命を感じていた。ふたたびシャムに向けて出発するためにシー・アドベンチャー号は準備を万端に整えていた。今度こそ渡航を成功させるという強い志をアダムスは抱いていた。面白いことに、シャムへの渡航中にアダムスの契約期間が満了するはずだった。その後コックスから、シャム渡航を取り止めて家康の側に赴くようにとの説得を受けても、アダムスはシャム渡航に固執していた。

謁見を無事に終えたコペンデール一行は十一月中旬に平戸に向けて出発した。囚われの身となっている友人をいち早く解放させたいという一心で、アダムスはコペンデール一行を後にして先に進んだ。彼は十一月二十七日の夕方にいったん平戸に到着した。翌朝にイギリス商館員二人を連れて長崎に急いだ。そこで家康の書状を権六に渡した。

アダムスが家康の書状を届けに来ることを事前に知らされていた権六は、その前日にすでにマリーニとリエバナをカラック船から解放させていた。病気を患っていたリエバナはそのまま長崎に留まった。一方、マリーニはアダムスと共に平戸へ向かった。

カラック船に監禁され、死刑宣告を受け、告解までさせられたマリーニは死を覚悟していた。毎日今日こそ死ぬのだと思っていたらしい。その状態が一ヶ月間続いた後、彼は急に解放された。命の恩人が友人のアダムスだと知った時にはさぞかし感激したのだろう。

平戸に戻ったアダムスはすぐさまシャム渡航の準備に取りかかった。一六一五年十二月六日にシー・アドベンチャー号は平戸を出発した。同行する商務員は、前回の渡航にも同行していたエドムンド・セイヤーズだった。シャムで蘇木と鹿皮を購入するためにコックスはアダムスに六百ポンド分の資金（約四千八百万円）を手渡した。

今回の渡航は順調で、シー・アドベンチャー号は一月十一日にバンコクに到着した。そこに、琉球で一緒だった庄兵衛のジャンク船も停泊していた。庄兵衛は自分の貿易のほかにイギリス人のためにシャムの商品を日本に運ぶ任務も請け負っていた。

バンコクからアダムスはチャオプラヤ川を上り、当時のシャムの首都であったアユタヤまで航行した。アユタヤにイギリス商館があった。このイギリス商館長ベンジャミン・フェーリーの助けを得て、セイヤーズはシャム商品の購入業務を行った。この業務には数ヶ月かかった。あまりにも大量に商品を入手できたため、すべての商品を日本に運ぶためにシー・アドベンチャー号と庄兵衛のジャンク船のほかにもう一隻のジャンク船を借り入れる必要があった。

しかし、ここでもアダムスとイギリス人とのあいだに不和が生じた。シー・アドベンチャー号の日本人乗組員の多くは個人的に商品を積んでいた。イギリス人が購入した商品を積む場所さえ足りなかったのにもかかわらず、日本人乗組員の個人的な荷物で多くの場所が塞がっていた。このことはフェーリーの気にくわなかった。そもそも、イギリス東インド会社の職員に個人貿易は禁止されていた。したがって、日本人乗組員が個人的な荷物の運搬に会社のジャンク船を利用するのは規則違反だとフェーリーは判断した。

そこで、フェーリーは日本人乗組員の積荷についてアダムスに問い質した。ところが、アダムスは日本人側に立って、容認を求めた。憤慨したフェーリーは「特権乱用」についてコックス宛に苦情の手紙を書いた。

この事件をきっかけに、アユタヤのイギリス商館勤務のイギリス人とアダムスとのあいだの関係は悪化の一途を辿った。この不和はアユタヤに商館をもっていたオランダ人も感づくほどであった。アユタヤのオランダ商館長マールテン・ハウトマンは平戸オランダ商館長に再任していたスペックス宛の手紙でこの件について詳細に報告している。

ハウトマンによると、アユタヤでイギリス人がアダムスをぞんざいに扱っているので、アダムスはこのことで彼らに不満を感じているという。アダムスはアユタヤ滞在中ハウトマンと仲良くなり、一緒に楽しい時間を過ごしていた。ハウトマンはアダムスから非常に良い印象を受けた。「彼は善良で、誠実で、信心深い人であり、皆と友好な関係を築こうとしている」と評している。また、アダムスがイギリス人から非常に不当な扱いを受けていることを気の毒に思っていた。アダムスはすべてにおいて最善の助言をしようとしているのに、イギリス人はすべてのことをアダムスのせいにしているとハウトマンはスペックス宛の手紙で記している。

しかし、その不当な扱いはイギリス人のためにはならないとハウトマンは考えていた。というのも、アダムスはもはやイギリス人のために働くことに嫌気が差しているようにハウトマンの目に映ったからである。

イギリス人との関係がうまく行かないまま、アダムスは一六一六年六月六日にアユタヤから出帆し、翌月二十一日に平戸近くの河内浦に帰着した。翌日にコックスが河内浦まで出迎え、アダムスに悲しい訃報を伝えた。このシャム渡航中に家康が死去したとのことだった。

†二代将軍秀忠の宣教師弾圧

家康の死を悼む気持ちをいくぶん紛らせたのは、トーマス号とアドバイス号という二隻のイギリス船の平戸への来航だった。両船はアダムスが平戸に戻る十日ほど前に到着した。コックスはすでに江戸参府の準備に取りかかっていた。

コックス一行は七月三十日に江戸に向けて出発した。アダムスもコックスに同行した。この参府旅行にはアダムスを含む七人のイギリス人、日本人通訳や複数の使用人が参加していた。一行は船で瀬戸内海を通って、八月五日に大坂に到着した。そこで荷物を小型船で伏見へ送った。一行は馬に乗り、伏見を経て、東海道に沿って江戸に向かった。二十六日に藤沢で夕食を味わった時に、逸見の領地からアダムスの使用人二人が迎えに来て、パン、牛肉の煮付けやワインを届けてくれた。

コックス一行の江戸滞在を準備するためにアダムスは先に江戸へ赴いた。翌日コックスたちが江戸に到着すると、そこで待ち受けていたアダムスは、一行を日本橋の屋敷に案内した。アダムスは本多正純を通じて、秀忠への謁見の調整を行った。

謁見が許されるまでのあいだ、コックス一行はアダムスの屋敷に宿泊した。九月一日に謁見が許され、コックスが登城した。秀忠が座る広間に入ったのは、コックスと商館員イートンとウィルソンだけだった。彼らは秀忠に近づかずに遠くから拝礼した。イギリス人から将軍への贈物は広間で披露されていた。しばらくして、秀忠が会釈すると、コックスたちはその場を後にした。

将軍への贈物献上が無事に終わったので、コックス一行は自由貿易の特許状と朱印状の発行を待つことになった。家康時代には発行はすぐに行われたが、秀忠の場合、そう簡単にはいかなかった。

秀忠は家康よりも宣教師に対していっそう反感をもっていた。大坂の陣の際に大坂城に宣教師がいたことが一因だったようである。宣教師が君主に対する反乱を臣民に唆すという噂を各所で耳にしたとコックスは道中の日記に書き留めている。コックスが江戸で幕府高官と面会するたびに、宣教師と関係をもたないように忠告された。

秀忠は日本国内でキリスト教を根絶しようとした。アダムスが特許状の発行を待っているあいだの九月八日に新たな禁教令が布告された。宣教師を匿（かくま）えば、その家の住人がすべて死罪に処せられるというそれまでの禁教令よりもいっそう厳しい内容となっていた。

ただ、秀忠の反感はスペイン人とポルトガル人に対してだけに留まらなかった。彼は、同じキリスト教徒であるイギリス人とオランダ人に対しても不信感を抱いていたようである。また、父家康と違ってアダムスに特別な愛着はなかったとみられる。

アダムスは毎日登城したが、特許状がなかなかもらえない。こうしているあいだに、アダムスにとって極めて不都合な噂が流れた。禁教令が布告された翌日に、アダムスの浦賀の屋敷に宣教師がいるという噂が流れていると老中・土井利勝から忠告を受けた。宣教師はアダムスの宿敵だったが、アダムスの日本妻はカトリック信者であった。確証はないが、宣教師と関係をもっていた可能性はある。

ちょうど五日前に、浦賀の屋敷にスペイン人の客がいるので江戸に行けないと知らせる手紙が妻から届いたばかりだった。これらのスペイン人の客は宣教師ではなく、商人だったのかもしれない。しかし、危険を感じたアダムスはただちに妻に手紙を書き、屋敷に宣教師を入れないようにと忠告した。それでも噂が根強いので、二日後にもふたたび手紙を書き送っている。

噂をなんとか払拭したアダムスは、それからも毎日登城した。登城するたびに、「明日もう一度来るように」と言われた。家康にはいつでも面会できたが、秀忠には面会さえ許されない。耐え忍ぶしかなかった。三週間が経過した九月二十三日にようやくイギリス人向けの特許状と朱印状が与えられた。アダムスは安堵した。しかし、以前のような寵遇がもう望めないことはいやというほど思い知らされた。

出発許可も下りたので、逸見と浦賀の屋敷の様子が気になった。アダムスは帰り道に浦賀に立ち寄ることをコックスに提案した。アダムスの領地を一目見たかったコックスは喜んでその誘いに応じた。

九月二十六日の朝十時にアダムスたちは浦賀に向けて出発し、夕方に逸見に到着した。アダムスの到着を喜ぶ領民たちがオレンジやイチジク、梨、栗、葡萄を持って来た。アダムスの妻と息子ジョゼフ、娘スザンナも出迎えた。歓迎されたコックス一行は逸見の屋敷で夜を過ごした。

翌朝、雨の降るなかアダムスはコックスたちを浦賀の屋敷に案内した。アダムスたちは馬に乗って進み、逸見の名主および数多くの使用人たちが徒歩で一行につき従った。これらの使用人たちは家臣のようにアダムスの前を走って、ちょっとした行列を形成していた。浦賀に到着したところ、近隣の領民が大勢出迎え、アダムスの到着をとても喜び、歓迎した。彼らもまた果物や魚を贈ってくれ、一行をもてなした。

翌日、一行は船で三崎へ赴き、向井正綱の屋敷を訪問した。正綱はアダムスに任された西洋式帆船の建造に船奉行として協力した人物であった。アダムスの手紙では言及されていないが、イギリス商館側の史料からは、アダムスと正綱・忠勝父子は深い関係で結ばれていたことが窺われる。イギリス人は正綱から手厚いもてなしを受けた。さらに家臣たちが忠勝の新築した屋敷にも案内してくれた。

イギリス人はその日、三崎の宿に宿泊した。宿主の長女はオランダ人と結婚していた。翌朝、一行は船でふたたび浦賀に戻った。お世話になったお礼としてコックスはアダムスの妻と子供たちに色々な贈物を与えた。降り続く雨のなかで、心温まるもてなしはイギリス人のあいだに和やかな雰囲気をもたらした。

†貿易地制限令の衝撃

夜近く、ウィカムの手紙を携えた飛脚が京都からやってきた。手紙によると、京都、大坂、堺で日本人が外国人から商品を買ってはいけないという禁止令が出され、外国人はすべて長崎か平戸に退去しなければならないという。この知らせはアダムスにとって晴天の霹靂だった。

コックスは同行していたイギリス人商館員たちをただちに平戸へ向かわせ、アダムスとイートンと共に江戸へ戻った。到着したところで、まず特許状の内容を精査する必要があった。家康から授かった特許状と同内容であるとコックスたちは江戸で聞かされていたので、今回の禁止令の布告と辻褄が合わなかった。アダムスも、江戸に連れて来た日本人通訳も漢字は解しなかったため、解読できる人を探した。ようやく見つけた僧侶に読んでもらったところ、一箇所だけ変更されているところがあることが分かった。家康の特許状では日本全国どこでも貿易が許されたのに対して、秀忠の特許状では貿易地が長崎と平戸に限定された。重大な変更だった。

当時の日本の商業の中心地は畿内であり、そこに豪商たちが居住していた。この中心的な商都から遠く離れた平戸は小さな町に過ぎず、イギリス人の商品を購入できる商人はいなかった。それゆえに、貿易地が平戸に限定されることは、貿易が成立しなくなること、さらにイギリス商館を閉鎖せざるをえなくなることを意味するとコックスは考えた。畿内で商品を販売できるよう、何としてでも以前と同じ特権を取り戻さなければならない。

アダムスはさっそく幕府高官である土井利勝、本多正純、そして京都所司代の板倉重勝を訪問し、自由貿易の特権の回復を請願した。ところが、家康の死後、すべての事情が変わってしまい、何の手助けもできないとそれぞれの口から聞かされた。旧友の正純に至っては、家康の時と違って、影響力がもはやなくなってしまったと告げられた。正純の意見では、将軍が決定したばかりの方針をすぐに修正するのは困難であり、現時点では従うしかなく、将来的に交渉を再開した方が得策であるという。

この時点でアダムスはすでに二週間ほど幕府高官に働きかけていた。特権の回復を諦めかけたコックスは、京都に残っている商品だけでも販売させてもらえるよう請願書を作成した。この請願書を提出するために十月十五日に登城したアダムスに秀忠の最終的な回答がついに申し渡された。イギリス人の貿易地が平戸に限定され、すべてのイギリス人がただちに平戸に退去しなければならないという命令に変わりはなかった。ただ、京都に残っている商品については、地元の商人に預けて代理販売してもらうことは今回に限って許された。この小さな譲歩を得て、アダムスたちは江戸を発った。

このあまりにも大きな変化はアダムスにとって大きな衝撃だった。このことは、アダムスが十月十四日付でオランダ商館長スペックス宛に書いた手紙からにじみ出ている。その手紙の中でアダムスは前述の特権回復のための努力が無駄になったことについて詳細に報告している。また、将軍に面会できなかったことを大いに憂いている。「すべてのことがあまりにも大きく変わってしまった」とアダムスは書いている。この一文からは新しい状況についていけていないアダムスの動揺が窺える。

前述の通り、宣教師の影響力を嫌っていた秀忠は、家康の出した禁教令をよりいっそう厳格化した形で実行させるようになり、キリスト教を日本から排除しようとした。カトリック教徒の宿敵であり、スペイン人の侵略の危険について幕府に絶えず忠告していたイギリス人とオランダ人に対してもその行動範囲が平戸に限定されたのは皮肉なものだ。アダムスは一六一七年一月十四日付でイギリス東インド会社総督トーマス・スミス卿宛に書き送った手紙の中で、宣教師が商人に成りすまして布教活動を行うことを防ぐための政策だと説明している。当時の幕府とのやり取りを記録しているコックスの日記の内容と突き合わせると、この説明は真実に近いと思われる。一方、外国人や外国貿易を統制するための第一歩としても捉えることができよう。

アダムスはコックスに同行し、十月十七日の朝九時に馬で江戸から出発した。その日は神奈川で泊まった。神奈川では江戸参府中のオランダ使節に出会い、情報交換した。翌日にアダムスはコックスの鎌倉観光に付き合った。二十日に箱根峠を越え、二十一日に蒲原で昼食を取った。

由比を通過した時、突然生け垣から鳥が飛び出したため、アダムスの乗っていた馬が駆け出し、アダムスは後ろ向きに馬から落ちた。右肩を脱臼した。間一髪で首の骨を骨折するところだった。コックスは慌ててアダムスを近くの民家に運ばせて、整骨師を呼んでもらった。政変がもたらしたあまりの衝撃から、アダムスは動揺して不注意になっていたのだろうか。まさに弱り目に祟り目である。

気を取り直したアダムスは、翌日にコックス一行と一緒に駿府に辿り着いたが、肩が痛み、ふたたび脱臼する心配があったため、四、五日駿府で休養することに決めた。コックスとイートンは先を急いで、数日後に京都に到着した。

京都滞在中のコックスは、そこで待機していたウィカムと共に地元の商人と残りの商品の処分について検討する傍ら、大仏殿や三十三間堂を見物していた。そのあいだアダムスは肩の痛みを抱えながら後を追った。十一月二日に京都でコックスと合流した。十一日に京都での用事が済んで、一行は京都を後にし、大坂と堺でも商売の残務処理を済ませ、地元の商人たちと別れの挨拶を交わした。二十五日に船で大坂から平戸に向けて出発した一行は十二月三日に平戸に帰着した。

†平戸でのトラブル

平戸におけるアダムスとイギリス人とのあいだの関係はふたたび微妙なものになっていた。イギリス人がシャムで借りたジャンク船に乗っていた日本人甲板長が会社の積荷の一部を自分のものにしたという疑いがかけられる出来事があった。アダムスは激怒し、イギリス人全員を相手取ってその甲板長を擁護した。アダムスとの友好関係を保つために努力を重ねていたコックスはこの反応に唖然とした。結局、平戸藩主の裁定により、甲板長のもっていた積荷は会社に戻された。

一六一六年十二月二十三日にアダムスはとうとうイギリス商館との雇用契約を終了させた。雇用契約が結ばれてからちょうど三年一ヶ月が経過した時だった。アダムスはこの期間の給与として千二百三十三銀両（約二千五百万円）を受け取った。これによって、アダムスは自由の身となった。

折りしも、コックスはシャムで借りたジャンク船の売却先を探していた。前述の通り、アダムスが船長としてシー・アドベンチャー号でシャムに渡航した時に、現地で購入した商品が船倉に収まり切らなかったので、ほかに庄兵衛のジャンク船とシャムで借りたもう一隻のジャンク船にも積み込んで、三隻でシャムから日本に向けて出帆した。アダムスの船は無事に平戸に、庄兵衛の船は長崎に到着したが、セイヤーズが乗っていたジャンク船は多くの災難に遭遇したのち、九月二十日にようやく鹿児島に辿り着いた。

中国人船長をはじめ多くの乗組員が死亡していたので、セイヤーズはジャンク船を平戸へ回航させるために薩摩で新たに三十八人の乗組員を雇用しなければならなかった。かろうじて平戸に辿り着いたが、死亡した船長のイギリス商館に対する負債の代りに同ジャンク船がイギリス商館の所有となった。船体がひどく損傷していたので、コックスは買手を見つけることができずにいた。そこでアダムスがこの船を購入することを提案し、七百銀両(約千四百万円)で入手した。

アダムスは購入したジャンク船をギフト・オフ・ゴッド号と命名した。一五八八年にドレークの指揮下で参加したスペイン無敵艦隊との海戦において、僚船に同名の船があった。この船名に、アダムスはなんらかの思い入れを持っていたのかもしれない。

アダムスはコックスと協議の上、このジャンク船でコーチシナ(広南国、現ベトナム中部)へ渡航することを決めた。広南阮氏が支配していた地域で、トゥボン川の河口に位置するファイフォ(現ホイアン)は、十七世紀初頭に多くの中国のジャンク船が寄港する国際貿易都市へと成長していた。

コーチシナで貿易を開始するためにコックスは二年前の一六一四年に二人の商館員を現地に派遣したが、一人は殺害され、一人は行方不明になり、携行していた金品も盗まれるという事件があった。今回の参府時に、シャムへの朱印状のほかにコーチシナへの朱印状も秀忠から取得していたコックスは、コーチシナでイギリス人が巻き込まれた事件の経緯について調査し、盗まれた金品の返還を要求するようアダムスに依頼し

た。また、コーチシナで改めて貿易関係を築くためにアダムスのジャンク船にセイヤーズを乗船させた。このセイヤーズはアダムスと一緒に渡航することに非常に前向きだった。

アダムスは以後数ヶ月のあいだギフト・オフ・ゴッド号の修理に取りかかった。ところが、思いがけず平戸藩主・松浦隆信の怒りを招いてしまった。船の修理に必要な良質の木材を平戸で入手できなかったので、アダムスは長崎まで買い付けに行った。そのことが藩主の気に障った。隆信は平戸の木材を購入しないことを非難する手紙をアダムスに送り、今後平戸の大工たちをアダムスに使わせないと通告した。それに対してアダムスも黙ってはいなかった。将軍の朱印状をもっているからには、適切だと自分が判断した通りのことをするのだと答えた。しかし、この喧嘩はすぐに収まったようである。その後、隆信はアダムスを推薦する手紙を広南の国王宛に書いてくれた。

とはいえ、この喧嘩は平戸でのトラブルの序の口に過ぎなかった。続いて、アダムスの平戸の宿主・弥三右衛門が巻き込まれた揉め事からも災難を被ることになった。会社の積荷を横領しようとした前述の甲板長が弥三右衛門に対して損害賠償を請求してきた。アダムスがコーチシナに向けて出帆する直前に弥三右衛門は、弁明のためにアダムスに来てもらおうと一人の使用人をジャンク船に派遣した。しかし、出帆の準備が整ったアダムスは、この件に直接的な関わりがないので、当事者のコックスのところに行くように伝えた。

同日の午後にギフト・オフ・ゴッド号はコーチシナに向けて海上に出た。ところが、出帆した直後に、小型船が近づき、弥三右衛門の親戚数人がアダムスの船に乗り込んできた。彼らはいきなりアダムスの両腕を摑み、暴行を加えた。助けに来た使用人とセイヤーズもまた暴行を受けた。

襲撃してきた者たちの一人が着物の袖から片腕をはだけさせて、アダムスを斬り殺そうとする動きを見せた。腕に感じる激しい痛みに耐えながらアダムスは、やっとのことで自由になった片腕で朱印状を取り出し、この暴力に対する抗議の表明として、これに接吻し、頭の上に高く掲げた。このアダムスの示した動作で我に返った弥三右衛門の仲間は、何も言わずにその場から逃げ出し、小型船に戻った。

逆風のためにいったん河内浦に戻ったアダムスは、この事件について報告するためにコックスに手紙を送った。平戸藩主に訴えるとのコックスの返事に対して、アダムスは、自分が被った暴力について公にしないようにと返事を送った。衝撃を受けつつも、人を庇う心は健在だった。

†消えた家康の威光

一六一七年三月二十三日に順風を得たので、アダムスはふたたび出帆した。順調な渡航の末、ギフト・オフ・ゴッド号は四月二十日にコーチシナのファイフォに到着した。彼らは広南の国王に歓迎された。三年前に殺害されたイギリス人について尋ねたところ、イギリス人の態度の悪さに原因があったという。この事件は国王の知らないところで起こったので、金品の回収を含めてそれ以上何も成し遂げられなかった。

それにしても、国際貿易都市ではあったが、ファイフォは治安が非常に悪かったようである。アダムスの日記にもセイヤーズの日記にも、同地滞在中の記事には、殺人や窃盗の記述が頻繁にみられる。

彼ら自身も窃盗に遭ったが、運良くそのほかには大きな事件に巻き込まれることはなかった。国王より自由貿易が許可され、以後二ヶ月のあいだ貿易業務に専念した。アダムスは七月一日に出帆して、八月十一日に平戸に帰着した。

アダムスが平戸に帰着すると、そこにアドバイス号というイギリス船が停泊中だった。この船に十五人の日本人水夫が乗船していた。彼らは以前、セーリスに雇用された人たちで、クローブ号でイギリスまで渡航していた。イギリスで三ヶ月間滞在した後、別のイギリス船でバンタムへ渡り、そこからアドバイス号で平戸に戻ってきた。

この連中はコックスを多いに悩ませた。契約によると、彼らは平戸に戻ってから三年分の給料を受け取ることになっていた。しかし、契約で取り決められた給料よりも高額な報酬を要求していた。コックスが堅く断ると、連中はアダムスの宿泊先へ赴き、アダムスに弁明を頼んだ。しかし、契約時の証人だったアダムスが彼らの要求を支持しようとしなかったので、一人が突然アダムスの首を絞めようとした。アダムスを助けにきた通訳も暴行を受けた。

その後、水夫たちは平戸藩主に仲裁を願い出た。帳簿やすでに支払われた受領書が提出された結果、コックスとアダムスの主張が正しいと判明した。結局、給料は契約書の額面通りに支払われた。

この事件もまたアダムスに不快な思いをさせたに違いない。コーチシナへの渡航を挟んで、アダムスは平戸で二度も襲われた。家康の側近というこれまでの威光は確実に消えつつあった。

†忍耐

コーチシナから戻ったばかりのアダムスは、コックスから参府に同行してほしいとの嬉しい要請を受けた。秀忠が上洛しているという情報をコックスが入手していたので、京都に赴くことにした。貿易地制限令の撤廃についての請願とシャムおよびコーチシナへの渡航の朱印状の獲得が目的だった。

八月二十六日に一行は船で平戸を出発した。アダムスは自分の小型船で渡航した。瀬戸内海でコックスとアダムスの船は離れ離れとなった。アダムスの渡航は順調にいかなかった。途中で船体に水漏れ箇所があることが発覚し、コーチシナから積んできた商品が水に濡れてひどい損害を受けた。船自体も沈み始めたので、アダムスは急遽ほかの小型船に乗り換える羽目になった。

九月八日にアダムスはようやく大坂に到着した。コックスよりも四日遅れの到着だった。翌日に一行は京都へ赴いた。秀忠はこの時、伏見にいたので、京都で平戸藩主・松浦隆信に相談した上でイギリス人も伏見に移った。そこで謁見を終えたオランダ人に出会った。

この年、オランダ人はスペインの植民地であったフィリピンのマニラへ攻撃を加え、数多くのスペイン船やポルトガル船、そしてマニラに向けて渡航する中国船を拿捕していた。オランダ人を海賊として日本から追放すべきであるという請願がスペイン人、ポルトガル人、中国人からそれぞれ秀忠に対して行われた。しかし、秀忠は家康の中立主義を継承し、日本の領域外の紛争に介入しないと回答した。とはいえ、オランダ人はそれ以上の恩恵を得られず、貿易地制限令の撤廃も実現しなかった。

アダムスには希望が少しみえた。というのも、海賊行為についての訴えはオランダ人に対するものに限定されていて、イギリス人に対する苦情はどの国からも寄せられていなかったからである。アダムスはさっそく土井利勝と本多正純の屋敷を訪問し、謁見の段取りに取りかかった。伏見に到着してわずか三日後に秀忠への謁見が許された。コックスは贈物を献上し、三年前に家康から送信された書簡へのイギリス国王ジェームズ一世からの返書を秀忠に渡した。

十七日にアダムスは伏見城に登城し、貿易地制限令撤廃の請願書を提出した。秀忠の返答を得るためにアダムスは毎日登城した。前年の江戸城で経験した通り、今回も「明日もう一度来るように」と毎日言われた。アダムスは朝に登城し、何も食べずに夜まで応接間で待ち続ける意地を見せた。

アダムスの忍耐は功を奏した。登城し始めてから一週間後の二十三日に秀忠の返答を得た。しかし、この返答はイギリス人の期待に反するものだった。ほかの外国人が有する以上の特権をイギリス人に与えるつもりはなく、貿易地制限令を撤廃しないとのことだった。宣教師が商人に扮して密かに布教活動を行うことを防ぐためであるという理由が前年と同様に挙げられたが、アダムスは今回もう一つの理由を聞き知った。それは、国内における売買は外国人ではなく、日本人によって行われるべきであり、日本人がその利益を享受すべきであるとの秀忠の意向だった。

それまでは、オランダ人やイギリス人は商品を畿内で直接販売していた。だが貿易地制限令発布後は、両国人は舶載してきた商品を平戸で販売することになる。買い付けに来るのは問屋だ。これらの問屋を経由して外国の商品が国内市場に流通する。平戸に買い付けに来る問屋は豪商に限られており、彼らは卸し販売で巨額の利益を得ることができる。また、これらの豪商は幕府と密接な関係を持っているので、幕府による貿易活動への統制力が大幅に増す。

家康が自由競争の原理の下で経済を活性化する政策を採ったのに対して、秀忠は自由競争を制限することによって、貿易から得られる利益を数人の豪商に集中させた。日本国内における外国資本の活用を封じ込めることで経済活性化の効果が失われる反面、幕府による経済活動統制の強化への効果は絶大だった。

このような状況下でイギリス人がいくら貿易地制限令の撤廃を請願しても、幕府に聞き入れられるはずがなかった。貿易地制限令の撤廃は諦めて、次にアダムスはイギリス国王ジェームズ一世の書簡への返書およびシャムとコーチシナへの渡航の朱印状を得るために、ふたたび毎日登城した。一週間が経過すると、ジェームズ一世の書簡に関する意外な返答がもたらされた。書簡は死去した家康に宛てたものであり、それは縁起が悪いので、秀忠からは返書を送らないとのことだった。結局、今回の参府で唯一獲得できたのは二通の朱印状のみだった。

伏見ですべきことをすべて終えたコックス一行は、京都、堺、大坂を訪れた後、平戸へ戻ることにした。アダムスはコックスの要請に応じて、イギリス商館に対する畿内の商人たちの借金ならびに売掛代金を回収するために大坂に居残った。外国人が日本国内では長崎と平戸以外に滞在することが許されなくなった一方、アダムスとヨーステンは幕臣であったため、日本国内の移動制限が適用されなかった。

借金をなかなか払ってくれない商人もいたので、資金回収には時間がかかった。アダムスが回収した資金を携えて平戸に帰着したのは、コックスと別れた二ヶ月後の十二月二十二日だった。

†義理と人情の板挟み

コックスが平戸に向けて出発する時、アダムスはギフト・オフ・ゴッド号の買手を平戸で探してくれるよう依頼した。前回のコーチシナへの渡航が赤字で終わってしまったので、ジャンク船を手放すことを考えた。アダムスが畿内でイギリス商館の資金を回収しているあいだに、コックスは平戸でギフト・オフ・ゴッド号の買手を見つけた。ジャンク船は千二百銀両で中国人商人に売却された。この吉報をコックスは十一月二十六日付の手紙でアダムスに知らせた。コックスの努力により、アダムスは五百銀両（約一千万円）の利益を得た。

平戸に戻ったアダムスはアドバイス号に乗船してバンタム経由でイギリスに戻ろうと決意した。しかし、肥後四官という中国人の商人から、長崎停泊中のジャンク船の舵手としてコーチシナへ渡航してほしいという申し出を受けた時、帰国の決意は消えてしまい、アダムスは迷わずに承諾した。コックスはこの船の船倉の一部を借り上げて、セイヤーズも乗船させた。

アダムスたちが長崎からコーチシナに向けて出帆したのは一六一八年三月十七日だった。この渡航は最初から災難に見舞われた。出帆直後に嵐に巻き込まれたジャンク船は五島近くで座礁し、その際に舵が損傷した。応急処置をして渡航の続行を試みたが、途中でふたたび破損したので、代わりの舵を一から作るために奄美大島に寄港した。そこで二十日間停泊したが、適切な材料が入手できなかったので、アダムスは余儀なく長崎に戻った。長崎に到着したのは五月七日だった。

二ヶ月後の七月二十日に、オランダ使節ヤン・ベルクハウトの江戸参府に同行してほしいとの依頼がオランダ商館長スペックスから寄せられた。アダムスがイギリス東インド会社に雇用されて以来、オランダ人はアダムスの代わりにヨーステンを起用していた。しかし、ヨーステンには虚言癖があり、秀忠やその重臣に嫌われていた。また、前年の参府時に、オランダ使節はヨーステンの助言に従って、京都にいた平戸藩主に連絡をせず直接伏見城へ赴き、謁見の許可を求めた。これが手続き上、問題視され、オランダ使節は恥をかくことになってしまった。

アダムスが自由の身になったので、スペックスはぜひとも彼をふたたび雇用したいと考えた。コックスに相談した上でアダムスは承諾した。アダムスはベルクハウト一行に同行して七月三十一日の正午前に平戸を発った。

下関を通過した時に、アダムスは妙な噂を聞いた。オランダ人が数隻のイギリス船を拿捕し、そのうち一隻を平戸へ連れてきたとのことだった。数人の日本人がそれをアダムスに伝えた。アダムスはその話を黙って聞いていただけで、それについてオランダ人には何も言わなかったという。しかし、オランダ人の中に日本語が堪能な商館員もいたので、彼らもその情報を聞き知ることになった。

大坂に到着する直前に、平戸から派遣された急使がコックスの手紙を届けてくれた。手紙の内容からアダムスはオランダ人によるイギリス船拿捕についての詳細を知った。アジアにおけるオランダ人とイギリス人とのあいだの競争が激化し、たびたび武力衝突に発展していたことはアダムスもすでに知っていたはずである。しかし、その衝突がイギリス船の拿捕に繋がったことはアダムスにとって大きな衝撃だったに違いない。ただ、イギリス人が同胞であっても、オランダ人とも親交のあったアダムスには、どちらかの側を取ることはできなかった。

コックスはオランダ人の海賊行為を幕府に訴え出るために、すぐに江戸に向けて出発した。そして、アダムスには、江戸参府中のオランダ人の同行を取り止め、追ってくるコックス一行を京都で待ってくれるように手紙で依頼した。

しかし、責任感の強いアダムスにはそれができなかった。オランダ人の参府同行をいったん引き受けたからには、何があろうと、その任務を最後まで果たさないではいられなかった。自分はもうイギリス東インド会社の職員ではないので、コックスの依頼を断る旨の返事を書き送った。この手紙を下関で受け取ったコックスは激怒した。日記では、アダムスの手紙を不適切かつ不条理なものであると罵り、アダムスが完全にオランダ人になってしまったと嘆いている。

アダムスはなぜコックスの依頼を断ったのだろうか。新しい雇い主への責任感も働いたが、一方で、幕府に訴え出ることが無駄だということをアダムスは熟知していた。それまで数多くの国の使節がオランダ人の海賊行為を秀忠に訴えてきたが、秀忠は海外の紛争に介入しないという方針を堅持してきた。この件を敢えて将軍の前に持ち出すことは、秀忠の反感を買い、結果的に、イギリス人を不利な立場に追い込む危険性を孕んでいた。それゆえに、アダムスは返書の中でこの件で江戸へ行かない方がいいとコックスに助言していた。

しかし、勝訴の可能性が十分あるとの助言を平戸藩の重臣から受けたコックスは、それを頼りにして諦めようとしなかった。彼はアダムスとオランダ人を追いかけるように江戸へ急いだ。そのあいだにアダムスはオランダ使節と共に江戸に到着した。その後、アダムスの仲介でオランダ使節による秀忠への謁見は無事に終わった。満足したベルクハウト一行はすぐに帰途についた。

江戸に残ったアダムスの手許にコックスやほかのイギリス人が道中で書いた手紙が次々と届いた。オランダ人に対する責務を果たしたアダムスは、今度はイギリス人の力になろうと決心した。オランダ人が江戸を発ったすぐ後にアダムスも出発して、コックス一行を迎えに行った。神奈川でコックスと合流し、平戸藩主が派遣した家臣に護衛されて、そこから一緒に江戸へ向かった。すでに十月四日だった。

アダムスの子供たちもコックスを迎えに来て、ご馳走でもてなした。和やかな雰囲気の中で、非協力的とみなされたアダムスに対するコックスの恨みはあっという間に消え去った。翌日にコックスはさっそくアダムスと共に平戸藩主・松浦隆信の江戸屋敷に赴いた。秀忠に提出する予定の告訴状を見せると、隆信はそれを黙って読み通した。家臣の桃野太郎左衛門もまた一読したが、難しい顔つきを示した。アダムス同様、彼も告訴状の提出を見送るようコックスの説得に努めた。しかし、コックスはその助言に聞く耳をもたなかった。

コックスの決心を察知したアダムスは、無駄だと知りながらも、告訴状を秀忠に提出する役目を引き受けた。この決断もまた彼の人情から湧き出たものに違いない。十月六日にアダムスはまず太郎左衛門と共に江戸城に赴き、謁見の許可を申請した。許可は割合すぐに下りた。九日にコックス一行は秀忠に謁見し、贈物を献上した。

一方、オランダ人に対する告訴は難航した。アダムスが毎朝登城して、夜まで返答を待った。しかし、幕府高官から会釈や愛想笑いしか得られなかった。告訴の件になると、まったく相手にされなかった。

問題は秀忠だった。来る日も来る日も、秀忠はイギリス人の苦情を聞き入れる時間を作ろうとしなかった。江戸城でアダムスと同様に秀忠を待っていたのはヨーステンだった。彼は秀忠に贈物を献上して、東南アジアへの渡航のために朱印状を獲得しようとしていた。江戸城でアダムスはヨーステンとたびたびすれ違う。ヨーステンは以前の活気を失っていた。多額の借金を抱えていたことで幕府高官から冷やかな応対を受けることさえもあった。それでも、ある日、城内の一隅で贈物を携えて待機しているヨーステンの姿が偶然、秀忠の目に留まり、朱印状が下賜された。

一方、アダムスにはそのような機会が巡ってこなかった。謁見からすでに一ヶ月半が過ぎてしまった。コックスは先に平戸に戻ることにした。すでに十一月十八日だった。アダムスは江戸に残り、その後も辛抱強く毎日の登城を続けたが、イギリス人が望む拿捕船の返還という回答を獲得することができなかった。むしろ、前年に得た朱印状をコックスが不正に転売したことが問題視され、コックスが申請した新しい朱印状の発行が大幅に遅れた。

結局、アダムスは使用人を留め置いた上で朱印状の発行を待たずに江戸を後にした。十二月十一日に大坂でコックスと合流した。大坂で朱印状が届くのをしばらく待ったが、いつまでも来ない。アダムスはコックスと共に小型船に乗って平戸へ戻った。

†アダムスの遺書

平戸に到着した後に、ようやくトンキン（現ベトナム北部）渡航用の朱印状がコックスの手許に届けられた。すでに一六一九年一月末だった。コックスから相談を受けたアダムスは、この朱印状を携えて船長として佐川信利所有のジャンク船でトンキンへ渡航することを承諾した。信利は松浦家の重臣である。藩主・松浦隆信がこの渡航の企画に関わっていたと類推される。

アダムスが平戸からトンキンに向けて出発したのは一六一九年三月十六日だった。約一ヶ月の航海の末、無事にトンキンの河口に到着した。偶然にも、ヨーステンのジャンク船がそこに停泊していた。アダムスとヨーステンは船上でしばらく談話を楽しんだ。ヨーステンも苦労して入手した朱印状を携えてトンキンに貿易をしに来ていたのだった。

トンキンは生糸の仕入れ先として有名だった。到着後、アダムスのジャンク船の客商たちは生糸や絹製品の仕入れに従事した。仕入れ価格の交渉や売買には三ヶ月を要した。アダムスは、コックスをはじめ、スペックスなど数人から預かった現金で絹製品を代理購入した。売買が終了した後、アダムスは船の装備に取りかかった。七月十六日の正午頃に客商たちがジャンク船に乗り込んだ。夕方五時に錨を上げて海上に出た。そして、約五週間後の八月二十二日に平戸に帰着した。

アダムスが平戸に戻った時にコックスはすでに京都に向けて出発していた。京都に上洛していた秀忠に謁見するためだった。九月二十一日にオランダ船エンヘル号が平戸に寄港した。アダムスのトンキン滞在中に、アジアにおける英蘭間の戦闘が激化していた。その一つの戦闘の結果としてエンヘル号が数人のイギリス人捕虜を平戸に連れてきた。捕虜たちはオランダ商館に監禁されていた。イギリス商館員イートンからその事実を知ったアダムスは、オランダ商館長スペックスを説得し、これらのイギリス人を解放させた。

アダムスはコックスの後を追って、京都に向けて出発する予定をしていた。ところが、病気のため断念した。医者の勧めで治療に専念した。

コックスが平戸に帰着したところ、ふたたびジャンク船を派遣する企画が浮上した。ジャンク船の装備のため、アダムスはコックスに同行して一六二〇年二月十六日に長崎に赴いた。長崎滞在四日目にアダムスは体調をひどく壊した。医者に診てもらうために、アダムスはコックスを長崎に残して、急遽平戸へ戻った。

温泉治療を受けても快復に向かわないようだった。とうとう死期が近いと悟ったアダムスは、五月十六日にコックス、イートンおよび数人のイギリス商館員を病床に呼び寄せた。病状が悪化し、死が確実に迫ってきていたが、思考は明晰だった。コックスとイートンの立ち会いのもとで、その場で詳細な遺書が作成された。

アダムスの遺産のうち現金は千九百七十二銀両だった。現代のお金に換算すると、約三千九百四十四万円になる。アダムスは遺書の中で、遺産の半分をイギリスの妻子に、残りの半分をジョゼフとスザンナという日本で生まれた二人の子供に与えた。

コックスには天球儀、地図類および最良の刀を遺贈した。残りの刀や脇差しは息子ジョゼフのために残した。すべての書籍と航海用道具は友人イートンに贈った。ほかにも平戸の宿主だった弥三右衛門、複数の使用人、各イギリス商館員にもそれぞれ現金や物品を遺贈した。

遺書が作成された日の午後五時にアダムスはこの世を去った。アダムスの遺品が遺書通りに各人に受け取られるようコックスは責任をもって取り計らった。アダムスの領地や諸屋敷は息子ジョゼフが相続した。ジョゼフは以後二代目三浦按針として朱印船貿易に従事し、日本人の海外渡航が禁止される一六三五年まで数回アジア渡航用朱印状を受けている。

コックスが一六二一年に江戸参府した際、ジョゼフとスザンナは前回と同様にご馳走をもって品川まで出迎えに来た。翌日にコックスはアダムスの遺品の刀と脇差しをジョゼフに届けた。引き渡す時にコックスの目は涙でいっぱいになった。

アダムスが予言した通り、平戸イギリス商館は利益を出さなかった。アダムスの死から三年後にイギリス商館は閉鎖され、コックスは一六二三年十二月二十三日にほかの商館員たちと共に日本を去ることになった。

ふたたびイギリス人に日本での交易が許されるのは、二百三十一年という長い年月を経てからだった。

あとがき　アダムスに出会う旅路

本書は一次史料から抽出した記述に基づいている。実在した人物が実際に経験した出来事を描いたノンフィクションである。本書を書くにあたって当時の数多くの史料を調査した。そのうち、本書で参照した主要な史料について以下に簡単に紹介する。

リーフデ号に乗船する以前のアダムスの経歴については、アダムスより未知の友人および同国人に宛てた手紙、一六一一年十月二十三日（William Adams to his unknown friends and countrymen. 大英図書館蔵 India Office Records 所収）や妻に宛てた手紙（A letter from William Adams to his wife in England. 差し出し年月日未詳、一六一一年頃、『パーチャス巡国記』Samuel Purchas, *Hakluytus posthumus or Purchas his pilgrimes*. London, 1625所収）に詳しい。

エリザベス女王統治期イギリスの時代背景やアダムスが一五八八年のスペイン無敵艦隊との海戦においてドレークのもとで補給船の船長を務めたことについての情報は、同時代の公文書の編纂書である『エリザベス女王統治関連行政文書集』（William Murdin（ed.）*A collection of state papers relating to affairs in the reign of Queen Elizabeth*. London, 1759）から得た。また、同時代に刊行された『一五八八年におけるイングランドの状況』（*The state of England in 1588.* London, 1588）という書籍を貴重な記録として参照して、無敵艦隊との海戦前後のイギリスの状況に関する記述に利用した。

リーフデ号の渡航については、前述のアダムスの二通の手紙のほかにヘローフ号に乗船していた外科医バーレント・ヤンセンの航海日誌（M. Barent Jansz, *Wijdtloopigh verhael.* Amsterdam, 1600）を利用した。オランダの歴史家ウィーデルによって編纂された『マヒュとコルデスの渡航』（F. C. Wieder, *De reis van Mahu en de Cordes.* 3 vols, 's-Gravenhage, 1923）の中にヤンセンの航海日誌の翻刻が掲載されている。同書にはハーゲン船団関連文書も網羅的に収載されている。そのほかにアメリカでスペイン人に捕らえられて捕虜となったブレイデ・ボードスハップ号の船長ディルク・ヘリツゾーンと乗組員の尋問記録が現存しており、その中にはハーゲン船団やアダムスに関する貴重な情報が豊富に含まれる。当時作成された尋問記録の写本はセヴィリャのインド総合文書館に保管されている。スペイン語原文の翻刻とオランダ語訳はオランダの歴史家エイゼルマン著『ディルク・ヘリツゾーン・ポンプ』（J. W. Ijzerman, *Dirck Gerritsz Pomp.* 's-Gravenhage, 1915）に収録されている。

サンタ・マリア島周辺での出来事については、アダムスの前述の手紙のほかにペルー副王の報告書に詳しい。マドリード文書館に保管されている写本のスペイン語翻刻とオランダ語訳は前掲『ディルク・ヘリツゾーン・ポンプ』に収載されている。このほか、エラズリス『チリ史の六年間』(C. Errazuriz, *Seis años de la Historia de Chile*. Santiago de Chile, 1881)には、一五九八年十二月二十三日から一六〇五年四月九日までのチリでの出来事に関する一次史料に即した研究および当該史料の抜粋が収録されている。

日本に到着してからの出来事についてもまたアダムスの前述の手紙が詳しい。本書で記している家康とのやりとりは、未知の友人および同国人に宛てた手紙および妻宛の手紙の内容が典拠となっている。リーフデ号の到来やアダムスの活動に関する主要な日本側史料としては、「異国日記」(『影印本異国日記』東京美術、一九八九年)、「当代記」(『史籍雑纂』続群書類従完成会、一九九五年)、「長崎根元記」(『海表叢書』四、更生閣、一九二八年)、「太平雑記」(『通航一覧』五、図書刊行会、五十五〜五十六頁、一九四〇年)を利用した。

リーフデ号の積荷については、イエズス会の歴史家コウト『アジア史』(Diogo do Couto, *Da Asia, Decada XII*. Lisboa, 1788)を利用した。コウトの記録は、イエズス会士を通じてポルトガルに伝わった情報を基にしたものである。非常に貴重な史料ではあるが、不正確な箇所も多々あるので、その内容をすべて鵜呑みにはできない。たとえば、コウトによると、オランダ人が砲術師として関ヶ原合戦に参加したという。この記述の信憑性は極めて低い。なぜなら、アダムスの手紙の中でも、オランダ側史料の中でも、関ヶ原合戦について一切言及されていないからである。まして、日本側史料でもそのような事実を裏付ける記述がみあたらない。もしも、アダムスたちが参加したのならば、それについて何らかの言及をするはずである。コウトの記録はあくまでも実見に基づかない二次史料に当たる。歴史事実として認められるためには、史料批判に堪えられる一次史料での裏付けが必要である。

また、『アジア史』にアダムスが一五九三、九四、九五年にオランダ人の北方探検に参加したとも記されているが、これも誤りである。なぜなら、アダムスの残した手紙の中でそのことについて述べている箇所はどこにもないからである。なお、この時期はアダムスがバーバリ商会に雇用されていた時期と重なる。おそらく、アダムスと談話したイエズス会士が誤解して記述したと推測される。

アダムスの日本到着についてのイエズス会士の記録としては、ゲレイロ『一六〇〇年～一六〇一年度日本年報』（Fernão Guerreiro, *Relaçam annual das cousas que fizeram os padres da companhia de Iesus na India, & Iapão nos annos de 600 & 601*. Evora, 1603、原文は大英図書館所蔵）やカルヴァリョによる一六一五年二月八日付書簡（パジェス『日本キリスト教史』Léon Pagès, *Histoire de la religion Chrétienne au Japon*. Paris, 1869にフランス語訳が収録されている）が挙げられる。

「水の上を歩く宣教師」の典拠として、シャルルヴォア『日本史』（Pierre-François-Xavier de Charlevoix, *Histoire et description generale du Japon.* Paris, 1736）、一六一四年十二月十日付コックス発トーマス・ウィルソン宛書状（イギリス国立文書館所蔵）が詳しい。モレホンとの会話については、一六〇〇年十月二十日付アレッサンドロ・ヴァリニャーノよりイエズス会総長宛書状に記されている。同書状はローマのイエズス会文書館に保存されている。なお、デルプラス『日本におけるカトリック教』（L. Delplace, *Le catholicisme au Japon.* Bruxelles, 1909）にフランス語訳が掲載されている。また、イエズス会士との討論については、フランシスコ・パシオの『日本年報』（François Pasio, *Lettres Annales du Iapon.* Lyon, 1609）が典拠である。

　アダムスによる造船についての執筆部分では、前述の未知の友人および同国人に宛てた手紙のほかに『慶長見聞集』（富山房、一九六三年）を利用した。ビベロの漂着についての顚末は、アダムスの同手紙および大英図書館所蔵ビベロの草稿「日本見聞録」（村上直次郎訳『ドン・ロドリゴ日本見聞録』異国叢書、雄松堂、一九六六年）に詳しく記録されている。また、アダムスとビベロのやりとりについてはマドリードの歴史アカデミー所蔵のビベロ航海報告書に記されている。この報告書の全訳はファン・ヒル著、平山篤子訳『イダルゴとサムライ』（法政大学出版局、二〇〇〇年）に収録されている。

アダムスとオランダ人との関わりについての記述にあたっては、オランダのハーグ国立文書館で保存されている東インド会社文書群（VOC）と日本オランダ商館文書群（NFJ）を利用した。これまでのアダムス研究において、このオランダ側史料はほとんど使われてこなかったが、複数箇所にアダムスへの言及がみられる。また、スペックスの参府中の出来事とアダムスによる仲介についてはスペックスの参府日記に詳細に記述されている。同参府日記はコメリン『東インド会社の起源と発展』（Isaac Commelin, *Begin ende voortgangh van de Vereenighde Nederlantsche Geoctroyeerde Oost-Indische Compagnie*. Amsterdam, 1646）に掲載されている。アダムスがオランダ東インド会社のために働いたことについての詳細は、一六一二年四月五日付、一六一二年六月八日付、一六一二年六月二十日付のスペックスからアダムスに宛てた三通の手紙、そして一六一二年六月八日付のスペックスよりマチアス宛の手紙から分かる。これらの手紙の草稿は、請求番号VOC1054が付与された史料綴の中で、筆者が新たに発見したものである。オランダ人がアダムスの文通を妨害したことに関する情報は、オランダ側史料のほかに一六一三年一月十二日付のアダムスよりスポールディング宛の手紙（大英図書館蔵 India Office Records 所蔵）などにみられる。

ビスカイノとの不和については、スペックスの参府日記のほかに、マドリード国立図書館所蔵のビスカイノの航海報告書に記されている。この報告書は書記フランシスコ・コルディーリョが作成したものである。和訳は村上直次郎『ビスカイノ金銀島探検報告』(異国叢書、雄松堂、一九六六年)および前掲ファン・ヒル『イダルゴとサムライ』に収められている。カテリーナの使節への対応についてはセヴィリャのインド総合文書館所収の文書「日本国王へのスペイン使節」(Relacion de lo que sucedio a tres religiosos)に詳しい。この翻刻と和訳は『大日本史料』第十二編之十二に収録されている。

セーリスの日本渡航記関連史料はサトウ『一六一三年のセーリスによる日本への渡航』(Ernest M. Satow, *The voyage of captain John Saris to Japan*, 1613. London, 1900)に収録されている。村川堅固による『日本渡航記』(セーリス著、十一組出版部、一九四四年)に優れた和訳がある。イギリス商館関連史料はファリントン『日本におけるイギリス商館』(Anthony Farrington, *The English Factory in Japan 1613-1623*. London, 1991)という千六百五十八頁に及ぶ大著に収められている。同書には前述のセーリス日本渡航記の抜粋のほかに、アダムスが送信した十一通の手紙、アダムスの四つの航海日誌や同行したセイヤーズの航海日誌、アダムスの遺書、コックスを中心とした平戸イギリス商館関連の書状など四百三十七点の史料の翻刻が掲載されており、一六一三年以降のアダムスの活動について知るには情報の宝庫といえる。また、コックスの日記も情報量の多い貴重な史料であり、東京大学史料編纂所の翻刻(『イギリス商館長日記原文編之上中下』東京大学出版会、一九七八〜一九八〇年）および和訳（『イギリス商館長日記譯文編之上下』東京大学出版会、一九七九〜一九八〇年）がある。

本書が成るにあたって、いくつかの史料所蔵先にお世話になった。国際日本文化研究センター図書館の資料利用係は所蔵史料の利用や図書の取り寄せにおいて便宜を与えてくれた。そのほかに、大英図書館とハーグ国立文書館にもお世話になった。入力作業や先行研究の調査、地図作成においては、井岡詩子氏、片岡真伊氏、小川仁氏のご協力を頂いた。また、シンティア・フィアレ氏にはレインストの書状におけるアダムスへの言及について教えて頂いた。ここにお礼を申し上げる。本書の執筆を強く奨励してくれた妻桂子は、原稿を綿密に校閲し、読みやすい文章にし、本書の成立に全面的に協力してくれた。改めて厚い感謝の意を表す。なお、本書の出版を快く引き受けて下さった筑摩書房、そして執筆中に励ましを下さった編集担当の松本良次氏に心より感謝を申し上げる。

本書におけるオランダ側史料の調査の一部は科学研究費助成事業「近世初期における日蘭関係の構造に関する基礎的研究」（課題番号19K01010）の助成を受けて行った研究の成果である。

ちくま新書
1552

ウィリアム・アダムス
――家康に愛された男・三浦按針

二〇二一年二月一〇日　第一刷発行

著者　フレデリック・クレインス
発行者　喜入冬子
発行所　株式会社　筑摩書房
東京都台東区蔵前二-五-三　郵便番号一一一-八七五五
電話番号〇三-五六八七-二六〇一（代表）
装幀者　間村俊一
印刷・製本　三松堂印刷　株式会社

ISBN978-4-480-07367-9 C0221

ちくま新書

ちくま新書

1198
天文学者たちの江戸時代
──暦・宇宙観の大転換
嘉数次人
日本独自の暦を初めて作った渋川春海を嚆矢とする「江戸の天文学者」たち。先行する海外の知と格闘し、暦・宇宙の研究に情熱を燃やした彼らの思索をたどる。

1206
銀の世界史
祝田秀全
世界中を駆け巡った銀は、近代工業社会を生み世界経済の一体化を導いた。銀を読みといて、コロンブスから産業革命、日清戦争まで、世界史をわしづかみにする。

1257
武士道の精神史
笠谷和比古
侍としての勇猛な行動を規定した「武士道」だが、徳川時代に内面的な倫理観へと変容し、一般庶民の生活にまで広く影響を及ぼした。その豊かな実態の歴史に迫る。

1290
流罪の日本史
渡邊大門
地位も名誉も財産も剝奪された罪人は、縁もゆかりもない遠隔地でどのように生き延びたのか。彼らの罪とは。事件の背後にあった、闘争と策謀の壮絶なドラマとは。

1294
大坂　民衆の近世史
──老いと病・生業・下層社会
塚田孝
江戸時代に大坂の庶民に与えられた「褒賞」の記録を読みとくと、今は忘れられた市井の人々のドラマが見えてくる。大坂の町と庶民の暮らしがよくわかる一冊。

1306
やりなおし高校日本史
野澤道生
「1192つくろう鎌倉幕府」はもう使えない！　新たな解釈により昔習った日本史は変化を遂げているのだ。ヤマト政権の時代から大正・昭和まで一気に学びなおす。

1309
勘定奉行の江戸時代
藤田覚
家格によらず能力と実績でトップに立てた勘定所。財政を支える奉行のアイデアとは。年貢増徴策、新財源探し、禁断の貨幣改鋳、財政積極派と緊縮派の対立……。